Stefanos Xenakis

Jeder Tag ist ein Geschenk

Inspirierende Geschichten vom
Zauber des Lebens

Aus dem Griechischen von Susanne Lötscher

Die griechische Originalausgabe erschien 2020 unter dem Titel
»To Δώρο 2 (The Gift2)« bei Key Books, Athen.

Penguin Random House Verlagsgruppe FSC® N001967

1. Auflage
Deutsche Erstausgabe
© 2022 Kailash Verlag, München,
in der Penguin Random House Verlagsgruppe GmbH,
Neumarkter Str. 28, 81673 München
Übersetzung: Susanne Lötscher, Untersiggental, Schweiz
© 2020 Stefanos Xenakis, represented by Schwermann Literary Agency, Essen,
Germany and Ersilia Literary Agency, Athens, Greece
Lektorat: Daniela Weise, München
Satz: Satzwerk Huber, Germering
Umschlaggestaltung und Layout:
ki 36, Sabine Skrobek Editorial Design, München
Umschlagmotiv und Illustrationen: ©Lisa Glanz
Druck und Bindung: Print Consult
Printed in Slovak Republic
ISBN 978-3-424-63222-4
www.kailash-verlag.de

Meiner Therapeutin Maria P. gewidmet,
die mir half zu fühlen,
besonders die Dinge, die ich nicht fühlen wollte.

Inhalt

Stefanos Xenakis ist Trainer für Persönlichkeitsentwicklung und Personalentwicklung, ein Social Media Phänomen mit großem Charisma und Griechenlands bekanntester Lebenshilfeautor. Mit »Das Geschenk« landete er auf einem Spitzenplatz der griechischen Bestsellerliste und blieb dort über 80 Wochen lang. Er ist ein gefragter Interview-Partner und gehört mittlerweile auch zur Riege international bekannter Speaker (z.B. TEDtalks). Seine Bücher werden in über zwanzig Ländern veröffentlicht. Der Autor ist stolzer Vater von zwei Töchtern.

Einleitung

____ **UND GENAU DANN**, wenn du meinst, dass du die Dinge in Ordnung gebracht hast, versetzt dir das Leben einen Schlag und wirft alles über den Haufen. Natürlich genau dann, wenn du am wenigsten damit rechnest. Es bringt alles durcheinander, was du für selbstverständlich gehalten hast, deinen Seelenfrieden und das, was du *meintest* zu haben. Denn in Wahrheit hattest du nichts. Du hast nur dich – obwohl selbst das fraglich ist. Bei der Arbeit tauchen Probleme auf, und irgendein Idiot kommt dir in die Quere, und deine Firma muss schließen, und du stehst kurz vor der Scheidung und wirst krank. Und dann kommt noch das Coronavirus.

Und du sitzt da und fragst dich:
»Warum? Warum gerade ich? Warum gerade jetzt?«
Und die Antwort lautet einfach:
Deshalb.

Das Leben teilt ständig Schläge aus. Das war schon immer so und wird immer so sein. Man nennt das »die harte Schule des Lebens«. Denn das Leben ist eine Schule. Akzeptiere es, dann wirst du deinen Frieden finden. Beiß in den sauren Apfel, dann wirst du Erleichterung verspüren.

Ich weiß noch, dass wir in der Schule angekündigte Prüfungen hatten, aber es gab auch unangekündigte Tests. Nun, das Leben hält massenweise unangekündigte Tests bereit. Du hast keine Kontrolle über sie. Für sie ist jemand anders zuständig, und so wie es aussieht, macht dieser Jemand seine Aufgabe gut. Deine Aufgabe besteht darin, optimal vorbereitet zu sein, denn du weißt nie, wann der nächste unangekündigte Test stattfindet. Außerdem: Auch wenn du den Test mit »sehr gut« bestehst, werden weitere Tests folgen. Gewöhnlich schwierigere. Nach der vierten Klasse kommt unweigerlich die fünfte. So ist es auch im Leben.

Eine Rechenübung in der Schule lautete: »Hänschen hat drei Äpfel. Wie viele Äpfel braucht er noch, damit es fünf werden?« Deine Aufgabe besteht darin, die beiden Äpfel aufzutreiben, die dir fehlen. Ärgere dich nicht und beschwer dich auch nicht, dass nur drei da sind. Es gibt also eine Aufgabenstellung, und es gibt eine Lösung. Dein Part besteht darin, die Lösung zu finden. Je mehr du über Herausforderungen schimpfst, desto eher wirst du ein Eigentor kassieren.

Im Leben wird dir nichts geschenkt. Es kann jederzeit sein, dass du schlechte Karten zugeteilt bekommst und nichts daran ändern kannst. Du kannst dann nur dein Bestes geben. S.U.M.O. – Shut Up, Move On – ist einer der besten Slogans, den es je gab. Doch die meisten Menschen halten weder die Klappe noch machen sie weiter. Sie entwickeln sich nicht weiter. Deine Aufgabe besteht darin, jeden Tag besser zu werden – mit Hilfe von Büchern, Dokus, Seminaren, Vorträgen, Gruppen, YouTube-Videos oder was auch immer du wählst. Zum Schulabschluss bekommen wir Zeugnisse – so ein Pech, dass wir kein Zeugnis für gute Lebensführung bekommen! Die meisten von uns würden durchfallen. Wünsche dir nicht weniger Probleme, sondern bemühe dich bis zum Ende deines Lebens, mehr Fähigkeiten zu erwerben. Menschen urteilen über alles und jeden, ohne irgendwelche Informationen zu haben. Die Wahrheit zeigt sich jedoch im Gesamtbild, aber wir wollen immer gleich Recht haben. Urteilen ist einfach. Verständnis aufzubringen ist der schwierige Teil. Die Dinge sind weder gut noch schlecht. Sie sind, wie sie sind. Es kommt darauf an, was *du* willst. Willst du lieber Recht haben oder glücklich sein?

Menschen haben Angst, Fehler zu machen und bloßgestellt zu werden. Aber Richtig und Falsch sind nur zwei Seiten ein und derselben Medaille. Ein Richtig setzt voraus, dass es ein Falsch gibt, so wie Licht Dunkelheit voraussetzt. Entscheidend ist, dass du aus deinen Fehlern lernst. Hab also keine Angst vor ihnen. Hab eher Angst vor deiner Angst, Fehler zu machen. Das heißt: Hab Angst davor, untätig zu bleiben. Ein Freund von mir hat sich bei einem seiner Vorträge gefragt, ob letztlich nicht schon das Wort »Fehler« ein Fehler sei.

Menschen sind süchtig danach, sich auf das Problem zu konzentrieren, auf das, was nicht klappt. Aber wenn du nur Probleme siehst, ist das Problem nicht mehr da draußen, sondern *du* bist das Problem. Der Fleck, den du siehst, ist auf deiner Brille, und deshalb musst du sie putzen. Du bist auf der Welt, um dich zu freuen und glücklich zu sein. Erfolg ohne Glück ist Misserfolg.

Die meisten Menschen treiben keinen Sport; sie bewegen sich nicht. Der Mensch ist ein Säugetier und braucht Bewegung. Bewegung ist der Dynamo, mit dem man früher die Beleuchtung am Fahrrad erzeugte. Wenn dein Licht nicht angeht, bist du erledigt, und keiner hat es dir gesagt. Ein träger Körper bedeutet einen trägen Geist und träge Emotionen. Ohne Emotionen geht gar nichts. Benjamin Franklin hat einmal gesagt: »Viele sterben mit 25, werden aber erst mit 75 begraben.«

Die Menschen vergeuden ihr Leben. Ein Durchschnittsmensch verbringt ein Drittel seines Lebens vor seinen elektronischen Geräten – entweder beobachtet er das Leben anderer Menschen oder stellt sein eigenes zur Schau. Zeit ist Geld. Sprich mal mit jemandem, der noch drei Monate zu leben hat, dann wirst du verstehen. Du hast 1000 Monate zu leben. Vergeude sie nicht. Der heutige Tag kommt nie mehr zurück.

Von dem Menschen, der nicht liebt, will ich gar nicht erst reden. Ohne Liebe gibt es keine Freude. Ohne Liebe gibt es kein Leben. Nur die Verbindung mit deinen Mitmenschen kann dich glücklich machen. Würdest du einen Topf auf den Herd stellen, wenn du keine Makkaroni hast, um sie darin zu kochen? Liebe ist eine Einbahnstraße, und wir gehen in die entgegengesetzte Richtung und fallen deshalb auch auf die Nase. Wenn du diese

Welt verlässt, nimmst du nur die Liebe mit: die Liebe, die du bekommen hast, und die Liebe, die du gegeben hast.

```
        Wir kommen
   ohne Gebrauchsanleitung
      auf die Welt.
      Ohne Manual.
```

Genau deshalb haben wir einen Ferrari bekommen und fahren damit, als wäre er eine Klapperkiste. Früher wurde ich immer so wütend auf Menschen, die ihr Leben vergeudeten. Doch dann wurde mir klar, dass uns niemand beigebracht hat, wie wir leben sollen.

Im Lauf des Lebens habe ich gemerkt, dass es mein Ziel ist, Gebrauchsanleitungen zu schreiben, so wie andere für mich welche geschrieben haben. Mein Auftrag ist, das Leben meiner Mitmenschen schöner zu machen, so wie andere meines schöner gemacht haben.

Das tue ich mit Vorträgen, mit einem Life-Coaching-Programm an Schulen und mit Geschichten – Geschichten, die wir alle erleben, aber häufig nicht weiter beachten.

Also habe ich beschlossen, immer meine Kamera dabeizuhaben und Fotos zu machen.

Was du vor dir hast, ist das Album mit meinen Fotos, die ich mit viel Liebe entwickelt habe.

Auch mein Leben war nicht so, wie ich es mir gewünscht hätte. Letztes Jahr hat es mir viele Prüfungen auferlegt und mir das schwierigste Jahr überhaupt beschert. Aber wie gesagt: Die Dinge sind weder gut noch schlecht. Sie sind, wie sie sind. Und wenn du eine Prüfung bestanden hast, kannst du sicher sein, dass noch eine kommt. Aber auch das haben wir schon gesagt.

Also Klappe halten und weitermachen!

PS: Ich möchte mich schon vorab für Worte entschuldigen, an denen sich jemand stoßen könnte, und für Überzeugungen, die möglicherweise provozieren. Vom Ideal bin ich weit entfernt. Kurz bevor dieses Buch gedruckt wurde, überlegte ich, ob ich ein paar davon »runder« formulieren sollte. Ich habe lange darüber nachgedacht und habe es letztendlich doch nicht getan. Ich wollte nicht, dass es ein gefälliges Buch wird. Ich wollte, dass es *mein* Buch wird.

Außerdem war in ein, zwei der folgenden Geschichten mein Vater noch am Leben.

Ich hoffe, dieses Buch hilft wenigstens ein kleines bisschen. Aus diesem Grund habe ich es geschrieben.

Der Ring

____ **ES IST NOCH KEINE WOCHE HER,** da passierte uns etwas Schlimmes. Ich war mit meinen Töchtern spazieren, und aus irgendeinem Grund gab die jüngere der älteren ihre neue Tasche zum Halten. Eine schneeweiße kleine Tasche mit Strass und Perlen, die sie geschenkt bekommen hatte. Unter ungeklärten Umständen ging einer der beiden Ringe verloren, an denen der Henkel befestigt war.

Als die Kleine das bemerkte, wurde sie schlagartig fuchsteufelswild.

»Du hast mir die Tasche schon so gegeben.«

»Du lügst! *Du* hast ihn verloren.«

Aus ihren Augen schossen Flammen. Sie erinnerte an eine Löwin, deren Jungem man etwas angetan hat. Sie musste sich beherrschen, um ihre Schwester nicht in Stücke zu reißen.

Lange Zeit suchten wir immer wieder den Bürgersteig ab. Vergeblich. Die Kleine war untröstlich. Diese Tasche war von Anfang an ihr Ein und Alles gewesen. Später entdeckte ich in einer meiner Schubladen einen ähnlichen Ring und reparierte die Tasche. Für mich sah sie völlig identisch aus, aber nicht für meine Tochter. Für sie war das nicht mehr zu kitten.

Irgendwann geriet das Thema in Vergessenheit. Zeit heilt wirklich.

Als ich heute nach Hause kam, fiel mein Blick auf einen Gegenstand. Als hätte Gott ihn mir offenbart. Ich war ganz aus dem Häuschen: Es war unser Ring! Etwas mitgenommen und ein bisschen verbogen, aber es war unser Ring! Ich steckte ihn in meine Hosentasche, als wäre es ein 500-Euro-Schein gewesen.

Im Lauf des Tages war ich durch meine Arbeit abgelenkt. Nachmittags sprach ich mit meinen Töchtern, aber es gab nicht viel zu erzählen. Es war einer dieser Tage, an denen die Worte nur mühsam herauswollen. Irgendwann am Abend griff ich in meine Hosentasche und bekam den Ring zu fassen, den ich schlicht vergessen hatte. Ich ließ alles stehen und liegen und rief meine Jüngste kurzerhand an, um ihr die gute Nachricht zu überbringen. Ich hoffte sehnlichst, dass sie noch nicht schlief, und erwischte sie zum Glück gerade noch.

»Hallo, Papa ...« (Gelangweilt – okay, wir hatten ja gerade erst miteinander gesprochen.)

»Enia, ich habe vergessen, dir das Wichtigste zu erzählen, was mir heute passiert ist!« (Ich machte mir beinahe in die Hose.)

»Was denn?« (Immer noch gelangweilt.)

»Schatz, was haben wir neulich verloren?«

Stille.

»Papa! Sag bloß!« (Ihr fehlten die Worte.)

»Ja.«

»Papa! Der Ring!« (Ihre Freude war grenzenlos.)

»Ja, mein Schatz!«

Wahrscheinlich schwebte sie schon über dem Fußboden.

»Das war das Wichtigste, was mir heute passiert ist, und ich wollte nicht, dass du ins Bett gehst, ohne dass ich es dir erzählt habe.«

Sie schluckte.

»Träum was Schönes, mein Schatz!«

»Du auch, Papa!«

Pause.

»Papa?«

»Ja?«

»Vielen Dank.«

Jetzt musste *ich* schlucken.

Gott hätte mir kein größeres Geschenk machen können.

Dieser Ring wird mich für immer mit meiner Tochter verbinden.

Eine halbe Portion

_____ **ICH LIEBE EINFACHE LOKALE:** ihre Hausmannskost, sie erinnern mich an das alte Athen, ich kann dort Menschen beobachten, mich selbst beobachten, vielleicht auch alles zusammen. Am liebsten esse ich im Athener Stadtteil Elliniko. Wenn ich dort esse, fühle ich mich wie zu Hause.
Vorgestern musste ich geschäftlich in den Stadtteil Maroussi. Auch dort habe ich ein Lieblingslokal. Es ist etwas gediegener. Gepflegt. Köstliches Essen. Anderes Publikum. Teurer. Aber nicht teuer. Die Ober kennen mich dort schon. Manchmal habe ich das Gefühl, dass mich die Ober in allen Lokalen kennen.
»Kurze Makkaroni mit Oktopus, bitte.« Es ist Fastenzeit.

Während ich auf mein Essen warte, beobachte ich die Menschen. Direkt neben mir sitzt ein außergewöhnlicher Typ. Ein Ausländer, vermutlich Spanier. Er sitzt mit einer Dame am Tisch, und sie haben schon bestellt. Sein Blick verrät große Freude. Er strahlt übers ganze Gesicht. An diesem Lächeln lässt er seine Begleiterin, die Ober, alle teilhaben. Ein tolles Lächeln. Ein toller Typ. Diese Menschen, die den Sinn des Lebens begriffen haben, müsste man Seminare halten lassen, damit sie ihr Geheimnis mit anderen teilen.

Mein Essen kommt. Sehr lecker. Ich lasse mir beim Essen so viel Zeit wie möglich, doch es dauert nicht lang, und schon ist der Teller leer gegessen. Ich bin eigentlich ein langsamer Esser. So wie mein Vater es war. Eine Weile überlege ich, noch eine Portion zu bestellen, warte aber ab, ob mein Magen einverstanden ist. Mein Kopf hat es meistens eilig.

Wäre ich in Elliniko, hätte ich schon eine weitere halbe Portion bestellt. Ob es hier halbe Portionen gibt, weiß ich nicht. Einen Moment lang bin ich blockiert. Ich traue mich nicht zu fragen. Jahrelang habe ich mich damit herumgeschlagen. Zum Glück ist damit inzwischen Schluss. »Gibt es bei Ihnen auch halbe Portionen?«, frage ich einen Ober, der gerade vorbeigeht. »Natürlich. Ich muss nur nachschauen, ob es überhaupt noch was gibt.« Es gab noch was.

Erleichterung. Freude. Stolz. Befreiung. Gut gefragt ist halb gewonnen. Früher hätte ich gekniffen, den Schwanz eingezogen und wäre gegangen. Entweder hungrig auf noch eine halbe Portion oder mehr als satt mit einer doppelten. Damit ist jetzt Schluss.

»Bitte, so wird dir gegeben«,
heißt es.

Wenn man den Satz umkehrt, heißt er: »Dir wird nicht gegeben, wenn du nicht darum bittest.« Wenn du um etwas bittest,
kann es sein, dass du es bekommst, oder auch nicht. Aber selbst
wenn du es nicht bekommst, bist du schon etwas Größeres als
das, was du warst, bevor du die Bitte geäußert hast.
Ich habe sie an jenem Tag genossen, die Makkaroni.
Ich habe sie genossen, die halbe Portion.
Die ganze und die halbe.

Aber die halbe Portion viel mehr.

Wie bescheuert …?

____ICH LIEBE AUTOFAHREN. Mein Smart ist mein zweites Zuhause. Dort führe ich meine Telefongespräche, dort bin ich allein mit meinen Gedanken, dort höre ich mir meine Audiobücher an. Eigentlich ist ein Auto der perfekte Anlass für ein Rendezvous mit dir selbst, wo du ganz bei dir bist. Ohne die anderen, ohne Fernseher, ohne Social Media. Ungestört. Viele schalten, kaum sitzen sie im Auto, sofort das Radio und die Nachrichten ein. Als wollten sie sich selbst aus dem Weg gehen. Als würden sie sich mit sich selbst langweilen.

Beim Fahren also beobachte ich. Der Typ fuhr einen Mercedes SLK. Das vorletzte Vorgängermodell. Silberfarben. Anfangs kam er mir normal vor. Er und sein Auto. Wir fuhren um den Platz herum, und er fuhr neben mir. Von einer der engen Seitenstraßen, die in den Platz mündeten wie Flüsse, die sich in einen See ergießen, hatte sich ein einsamer Autofahrer mit halber Schnauze vorgewagt und wartete auf eine Gelegenheit, um sich einzufädeln. Diese halbe Schnauze machte den Mercedesfahrer verrückt. Er drückte auf die Hupe und fuhr auf ihn zu, immer weiter und stärker hupend. Beinahe wäre er dem anderen reingefahren. Irgendwann streckte er den Kopf aus dem Fenster und begann zu brüllen.

»Wie bescheuert bist du eigentlich?« (zweimal)

»Wie bescheuert?« (zweimal)

Ein Refrain gewissermaßen.

Und noch einmal von vorn.

Je länger der andere nicht antwortete, desto mehr regte sich der »Dichter« auf. Stinkwütend, hochrot im Gesicht und völlig außer sich, als würde er gleich platzen, wiederholte er seinen Refrain.

Unkontrollierter Zorn wird dir alles ruinieren: deine Laune, deine Energie, dein Leben. Wenn du dich über jemanden ärgerst, tust du nicht ihm weh, sondern dir selbst. Als würdest du Gift trinken und dir wünschen, es möge den anderen töten.

»Man bestiehlt sich selbst«, sagt ein Freund von mir.

Doch wir haben gelernt,
das zu tun,
was einfach ist, und nicht,
was richtig ist.

Wir sind so busy.

In einem Buch habe ich etwas Schönes gelesen: Wenn dich jemand verrückt macht, schreib ihm einen Brief. Schreib alles rein. Werde deinen Ärger los, kotz dich aus. Als gäbe es kein Morgen. Aber schick den Brief nicht ab. Warte bis zum nächsten Tag. Wenn du dann immer noch wütend bist, dann schick den Brief ab. Oder ruf die Person an und sag es ihr. Oder wie es auch heißt: Vor dem Sprechen das Gehirn einschalten.

Was wir nach außen projizieren, ist das, was wir in uns tragen. In einem anderen Buch stand: »Sag das, was du einem anderen sagen willst, zuerst zu dir selbst, um zu sehen, ob es dich berührt.«

»Wie bescheuert bin ich eigentlich?«

»Wie bescheuert bin ich eigentlich?«

»Wie bescheuert …?«

Völlig bescheuert.

Ich gehe zu Fuß

____ OSTERN AUF CHIOS IST MAGISCH. Die Natur in voller Blüte, berauschende Düfte, Sonne und ein kühles Lüftchen, einzigartige Traditionen und als Tüpfelchen auf dem i die berühmten Bombakia (Kartoffelkroketten) von Anastasia.

Gestern Abend nach der Karfreitagsprozession sprachen wir bei meinen Cousins über Nikolis, einen ihrer Verwandten. Ich hatte ihn sicher seit zwanzig Jahren nicht mehr gesehen. Ein verrückter Witzbold und unvergleichlicher Spaßvogel, vielleicht der Beste seiner Art. Wenn man mit ihm zusammensitzt, hat man tagelang Muskelkater vom Lachen.

Heute sah ich ihn. Ja, also: Wir hatten über ihn gesprochen. Zuerst begrüßte er meine Mutter. Ich erkannte ihn an seiner Statur, aber auch an seinem Lächeln. Sofort merkte ich, dass auch meine Mutter herzlich über seine Witzchen lachte. In dem Moment war ich mir sicher. Danach kam er zu mir. Wirklich unverändert. Als wäre die Zeit spurlos an ihm vorbeigegangen.

»Nikolis, du hast die Zeit auf den Kopf gestellt. Irgendetwas machst du doch!«

»Junge, weißt du, wie alt ich bin? Fast neunzig. Weißt du, was meine Rettung war?«

Stille.

»Dass ich kein Auto habe. Ich hatte nie eins. Also gehe ich gezwungenermaßen zu Fuß. Ich gehe immer zu Fuß.«

Neulich habe ich mir das fantastische Buch *Superfaktor Bewegung* von John Ratey als Hörbuch angehört, ein Meilensteinwerk über den Nutzen von körperlicher Bewegung. Nach jahrelanger Forschung ist die Wissenschaft jetzt dabei, die Bedeutung von »Mens sana in corpore sano« (»Ein gesunder Geist in einem gesunden Körper«) zu entschlüsseln.

Tägliche körperliche Bewegung
wird dir ganz automatisch
die Hälfte jenes Lebens schenken,
von dem du träumst.

Täglich eine halbe Stunde körperliche Bewegung (was immer du gernhast: Spazierengehen, Joggen, Schwimmen, Fahrradfahren, Tanzen) genügt bereits, um den Cholesterinspiegel drastisch zu senken, die Endorphine (Gesundheit, Freude, Wohlbefinden) in die Höhe schnellen zu lassen und dein Selbstwertgefühl zu steigern. Innerhalb von zwei Monaten zeigt sich, dass regelmäßige Bewegung wirksamer ist als schwere Antidepressiva. Langfristig senkt sie deutlich das Risiko, an Krebs oder Alzheimer zu erkranken. Sich bewegen ist die beste Arznei, das beste Antidepressivum, das beste Anti-Aging-Mittel und überhaupt das schönste Geschenk, das du dir selbst und deinen Mitmenschen machen kannst.

Meine Mutter und ich kamen also spät ins Hotel zurück, und kurz bevor es dunkel wurde, ging ich noch einmal joggen. Im Aufzug traf ich zufällig ein befreundetes Paar und erzählte, dass ich zum Joggen ging. Die beiden freuten sich. Als ich ihnen die Gründe dafür erklären wollte, kam mir der Mann, ein typischer Einwohner von Chios, zuvor:

»Das entspannt auch das Gehirn«, meinte er vielsagend und lächelte.

Ich liebe meine Insel und ihre Bewohner.

Sie haben eine unvergleichliche Art, Wahrheiten auszusprechen.

Gehst *du* zu Fuß?

Der Kurier

_____ **WEISST DU, WIE ES IST**, wenn man fast wie hypnotisiert Auto fährt? Genau so war ich unterwegs. Die gelbe Farbe seiner Uniform rüttelte mich sozusagen wach. Der Kurier wartete auf seinem Mofa an der roten Ampel an der Kreuzung. Es war, als hätte mich der liebe Gott rechtzeitig informiert, damit ich sehen konnte, wie der Mann seinen Abfall auf den Boden warf.

Er warf die Sachen gleichgültig, gelangweilt, grundlos weg. Als wäre nichts dabei. Hinter ihm standen fünf bis sechs Autos. Keiner der Fahrer sagte etwas. Einen Moment lang fragte ich mich, ob ich richtig gesehen hatte.

Beim Weiterfahren starrte ich ihn fragend an. Und er mich. ich fuhr immer langsamer, bis ich rechts heranfuhr. Der Typ starrte mich immer noch verblüfft an, ohne meine Reaktion voraussehen zu können. Aber er hatte begriffen, was los war. Inzwischen war ich zum Stehen gekommen, unschlüssig, was ich jetzt tun oder nicht tun sollte. Ich wusste jedoch, dass das, was ich tat, richtig war. Immer noch sahen wir einander an. Nicht wütend, sondern eindringlich. Ich wartete auf etwas: eine Korrektur. Und er wusste, dass ich darauf wartete. Wir hatten uns mit Blicken verständigt.

Plötzlich wurde die eisige Stimmung durch die Hupe des Autos hinter mir unterbrochen. Ich stand auf der rechten Fahrspur – noch dazu hatte ich den Blinker nicht gesetzt. Ich schreckte kurz hoch, drehte mich um und sah perplex eine Frau mit ihrem Kind. Sie war ebenso perplex. Zu Recht. Ich fuhr ein Stück weiter und schaute wieder zu dem Kurier. Er hatte mich keine Sekunde aus den Augen gelassen. Sofort legte ich den Rückwärtsgang ein und näherte mich ihm entschlossen. Zu keinem Moment war ich ihm böse. Ich hatte lediglich meine Entscheidung getroffen. Irgendwann erholte sich der Kurier von seinem Schreck. Er bückte sich sofort und hob den Abfall auf.

Dass es so schnell gehen würde, hatte ich nicht erwartet. In Gedanken hatte ich die Lage als viel schwieriger eingeschätzt und damit gerechnet, dass es länger dauern würde. Plötzlich freute ich mich. Ich sah den Kurier an und zeigte ihm meine Freude, indem ich die Hand aus dem Fenster streckte und den Daumen nach oben hielt. Ich lächelte ihm zu. Und mein Daumen auch. Der Typ freute sich ebenfalls, auch wenn er es nicht zeigen wollte.

Irgendwann schaltete die Ampel auf Grün. Der Kurier fuhr sofort los. Ein letztes Mal warf er mir einen Blick zu, der nichts und doch alles sagte. Ich erwiderte den Blick und fuhr ebenfalls los. Fröhlich und stolz – auf ihn, aber auch auf mich.

Das Ganze hatte nicht länger als eine halbe Minute gedauert. Doch mir war, als wären es Stunden gewesen, ähnlich wie in einem Traum.

Es war ein Kapitel aus meinem Leben.

**Ein Kapitel, das ich erlebt
und nicht ignoriert habe.**

Es geht so

_____ AUF DER WUNDERSCHÖNEN INSEL SYROS bei der Hochzeit eines lieben Freundes. Ich liebe Ermoupolis, die Lady der Ägäis. Am Rathaus von Ermoupoli kann ich mich nicht sattsehen. Ein Gebäude mit erstklassiger Architektur, das zahlreiche Kindheitserinnerungen weckt: Fahrradfahren, Rollschuhfahren, Ballspielen und Farben wie aus ein paar unvergesslichen Kinderbilderbüchern aus den Siebzigerjahren.

Wir kommen von Agathopes zurück, einem der schönsten Strände der Insel, wo ich mit einem Freund unsere persönliche Meisterleistung vollbracht habe: Wir sind bis zur gegenüberliegenden kleinen Insel geschwommen. Jedes Mal, wenn man

Grenzen überschreitet, bekommt man ein kleines Geschenk. Unser Geschenk war eine große Meeresschildkröte, die harmonisch irgendwo weit unten in der Tiefe des Ozeans schwamm und nach Nahrung suchte.

Beim Weggehen sehe ich sie aus den Augenwinkeln. Der eine jung, ein Einheimischer, ein trainierter junger Mann um die dreißig. Der andere ein Ausländer, um die sechzig, mit einem für sein Alter robusten Körper. Ich war bei ihrer Begegnung zufällig dabei.

Ich hörte, wie der Grieche zu dem Ausländer sagte:

»How are you?« (»Wie geht es Ihnen?«)

Antwort: »Not too bad.« (»Es geht so.«)

Dann lächelten beide, und jeder ging seines Weges.

Früher wäre mir das nicht aufgefallen, heute schon. Es tut mir weh, Menschen zu sehen, die nicht fähig sind, die Details zu sehen. Es tut mir weh, wenn sie »Es geht so« statt »Es geht mir gut« sagen. Eines der grundlegendsten Themen unserer Zeit ist der Fokus. Zu wählen, welche Sichtweise wir letztlich einnehmen wollen. Alles ist in Hülle und Fülle vorhanden, aber wir haben uns angewöhnt, das Schlechte und nicht das Gute zu sehen, das Problem statt der Lösung, das, was wir nicht wollen, und nicht das, was wir wollen; das Gestern und nicht das Heute; das, worauf wir keinen Einfluss haben, und nicht das, was wir beeinflussen können; das, was uns missfällt, und nicht das, was uns gefällt.

Es ist, als hielten wir es für selbstverständlich, dass das Schlechte überwiegt und das Gute die Ausnahme ist.

Wir haben eine schwarze Brille auf und sehen deshalb auch schwarz. Dinge haben aber keine eigene Farbe. Sie nehmen die

Farbe unserer Brille an. Wie bei den Ausmalbüchern, die wir als Kinder hatten. Dort sah man nur die Umrisse eines Gegenstands und musste sie einfach mit Farben ausmalen. Die Farben deines Lebens sind jene, mit denen du die Umrisse ausmalst. Das wollen wir aber nicht hören. Wenn uns die Aufnahme nicht gefällt, legen wir uns mit dem Aufnahmestudio, dem Aufnahmegerät, der Technik an. Wir haben nicht begriffen, dass unsere eigene Gitarre gestimmt werden muss. *Unsere* Brille muss geputzt werden. Es ist eine Sache, wenn etwas gut läuft, und eine andere, wenn dir *auffällt*, dass es gut läuft.

Ich habe einen schönen Spruch gelesen:

>»Das Einzige, was wir
>für unser Glück tun müssen, ist,
>ihm nicht im Weg zu stehen.«

In Griechenland gibt es zahlreiche Fußballfreunde.
Deine Lieblingsmannschaft schießt ein Tor. Du bist überglücklich.
Du jubelst, weil der Ball im Tor gelandet ist.

Würdest du jemals jubeln, wenn er im Aus gelandet wäre?

Aaaaahhh ...

_____ **ICH LERNTE SIE LETZTES JAHR AUF**
Amorgos kennen. Einer meiner engsten Freunde stellte sie mir
als außergewöhnliche Masseurin vor. So eine Gelegenheit lasse
ich mir nicht entgehen. Die Kunst der Massage ist jahrtausen-
dealt.Sie hat eine wunderbare Wirkung auf die Gesundheit, das
Wohlbefinden und die Energie unseres Organismus. Eine Massage pro Woche ist das Allermindeste. Egal wie viel es kostet,
es wird sich hundertfach auszahlen. Das Problem ist, dass sich
90 Prozent der Menschen mit den Kosten beschäftigen und nur
10 Prozent mit dem Wert. Eine Massage ist eine der besten In-
vestitionen in dich selbst.

Elena stammt aus Bulgarien. Sie ist um die siebzig, hat aber die Haltung und Energie einer Fünfzigjährigen. Man könnte sie ein Vollblutweib nennen – auch in Bezug auf ihre Seele. Sie lacht unentwegt und fließt über vor Energie und Güte. Sie ist nicht zu bremsen. Wenn sie nicht massiert, geht sie schwimmen; wenn sie nicht schwimmen geht, schreibt sie; wenn sie nicht schreibt, geht sie ins Theater; wenn sie nicht ins Theater geht, tut sie etwas anderes. Man könnte sagen, »sie hat Hummeln im Hintern«.

Jedes Mal, wenn ich von Elena weggehe, schwebe ich auf Wolken. Sie hat eine einzigartige Art und Weise, mich zu justieren, mich und meinen Körper abheben zu lassen. Außerdem: Was gut für den Körper ist, ist auch gut für die Seele.

Dinge, die du tun willst, musst du planen. Sonst tust du sie nicht. So einfach ist das. Deshalb sind die Mittwochnachmittage für meine Massage reserviert. Elena legt mich flach hin und walkt mich ordentlich durch. Sie genießt es noch viel mehr als ich. Wie ein guter Koch, der mehr lächelt als seine Freunde, wenn er sie bewirtet. Elena lächelt während der ganzen Massage.

Irgendwann entdeckte sie eine Wölbung auf meinem Rücken. Man hätte auch Knoten dazu sagen können. Sie machte sich daran, ihn mit den Händen zu glätten, und knetete ihn so lange, bis er verschwunden war. Genau in dem Moment entfuhr ihr ein genießerisches »Aaaaahhh«. Verstohlen drehte ich mich um, um ihren Gesichtsausdruck zu sehen. Keiner unserer mehr als sieben Milliarden Mitmenschen hätte sich in diesem Augenblick mehr freuen können. Hey, mehr geht nicht! Elena hatte den Zähler gesprengt. Sie war über den roten Bereich hinausgegangen.

Es ist ein Segen, das zu tun,
wofür du brennst.

Und woran erkenne ich, ob ich für das, was ich tue, brenne?

**Wenn dir kein einziges Aaaaahhh entfährt,
dann schau dich um, hier und dort.
Geh in dich.**

Live

_____ **SEIT ICH MEIN NEUES ZUHAUSE** bezogen hatte, wollte ich es tun. Ich hatte es mir noch in Gegenwart meiner Mutter gelobt. Jeden Donnerstag trifft sie sich mit ihren Freundinnen zum Jour fixe. Das Haus am Strand. »Irgendwann kommt ihr mich am Donnerstag mal besuchen«, sagte ich zu ihr. Meine Mutter war begeistert. Sie versprach es ihren Freundinnen, und auch die waren begeistert. Wie damals, als dein Vater dir die Autoschlüssel gab, damit du mit deinen Freunden eine Spritztour machen konntest. Nur andersherum.

Früh am Morgen stand ich voller Freude auf, um alles zu putzen. Ich nahm Kaffee und Zucker, Milch und Tee vom Regal, um auch dort saubermachen zu können. Dann ließ ich die Spülmaschine mit dem Geschirr laufen, brachte den Abfall hinunter und den Recyclingmüll raus, räumte das Spielzeug meiner Töchter weg und ging in den Supermarkt. Es war so, wie wenn man die Schwiegereltern zum ersten Mal zu sich einlädt.

Nichts bereitet mir mehr Freude, als etwas mit anderen zu teilen. Bei mir zu Hause hätten zehn Personen Platz. Meine Mutter hat viele Freunde, zum Glück. Ich würde mich zehnmal freuen, einmal für jede Einzelne von ihnen und einmal für mich, also elf Mal. Ich kenne sie alle. Sie sind alle unterschiedlich. Die eine bescheiden, eine sentimental, eine durchgeknallt, eine ernst, eine leidenschaftlich. Jede von ihnen gibt mir einen Grund, mich für sie zu freuen. Meine Mutter hatte mich auch um eisgekühltes Bier gebeten. Ich stellte mir vor, wie sie sich einen zwitschern und Smalltalk machen würden, und musste lachen. Meine Mutter sagt, dass sie nicht tratschen. »Ja, von wegen«, sagt meine jüngere Tochter. Die Freude darüber, etwas zu planen, ist manchmal größer als die Freude, es dann mitzuerleben. Gegen vier Uhr ruft meine Mutter an, um mir das Neueste mitzuteilen. Ich bin gerade in einer Besprechung. Mein Mobiltelefon ist auf lautlos gestellt. Auf dem Display lese ich »Begeisterung und Freude«.

Ich rufe sie zurück und spiele den Gleichgültigen.

»Hat es euch gefallen?«

»Was soll ich sagen …«

»Sag schon!«

»Was soll ich sagen …«

»Und? Sagst du's mir?«

»Sie waren begeistert. Es war einer ihrer schönsten Nachmittage. Sie haben gefragt, wann wir es wiederholen.«

»Jetzt habt ihr euch aber richtig bei mir eingenistet«, entgegne ich, und wir legen lachend auf.

Ich bin schon wieder zu Hause, als mein Mobiltelefon noch einmal klingelt. Eine unbekannte Nummer.

»Stefanos, ich bin's, Kyra Maria (vom Jour fixe). Ich rufe an, um mich zu bedanken, mein Schätzchen (sie reden alle so). Wir fanden es alle wunderbar. Du kannst dir gar nicht vorstellen, wie viel Freude du uns damit gemacht hast. Vielen Dank, mein Junge.« Kyra Maria hat vor Kurzem ihren Mann verloren, den sie über alles liebte. Hier gibt es also doppelte Freude. Elf plus eins macht zwölf. Als ich auflege, treten mir Tränen in die Augen, und Freude erfüllt mich.

Noch aus einem anderen Grund: weil ich die Freude dieser Frau miterlebt habe. Sie hat mich weder per SMS noch per E-Mail erreicht, sondern ich habe sie live erlebt.

Für Gefühle ist ein Display zu klein.

> Liebe bleibt in
> der Leitung stecken.
> Und zerknautscht.

Sag das »Ich liebe dich« deshalb live.

Nicht auf den Anrufbeantworter.

Spaziergang

——ICH KANN NICHT SAGEN, wann es mich packt. Es ist jedenfalls nicht oft. Es ist unspezifisch, aber zugleich wunderbar. Als würde ich gleichzeitig voll und leer werden. Ein Gefühl erfüllt mich, und die Gedanken verschwinden aus meinem Kopf. Dann gehe ich spazieren. Ohne Ziel.

So auch gestern. Es war circa neun Uhr abends, und mein Smart brachte mich irgendwohin Richtung Syntagma. In eine Nebenstraße. Ich hatte die Warnblinkanlage eingeschaltet und wollte gerade den Rückwärtsgang einlegen. Ein Mofa fuhr dicht hinter mir. Ich glaubte nicht, dass der Fahrer es tun würde, aber er tat es doch: Er fuhr in meine Parklücke. Ich streckte den Kopf aus dem Fenster und bat ihn freundlich, anderswo zu parken. Der junge Mann war höflich und entschuldigte sich. Ich parkte so ein, dass er auch noch Platz hatte. Er bedankte sich, ließ sein Mofa dann aber auf dem Bürgersteig stehen. Er wollte gleich wieder wegfahren. Auch ich bedankte mich, und wir verabschiedeten uns herzlich. Als würden wir uns von früher kennen. Es war ein geschickter Schachzug, dass ich mein Handy im Auto liegen ließ. So wie man einen Nörgler stehenlassen würde, von dem man weiß, dass er einem auf die Nerven gehen wird. Ich blieb bei dem Fastfoodladen Everest stehen, um mir ein Sandwich zu genehmigen. Doppelte Lage Käse, quadratisches Brot. Knusprig getoastet, so wie ich es gern habe. Während es zubereitet wurde, ging ich zur Toilette hinunter. Vor der Tür hatte jemand einen kleinen Rollkoffer abgestellt. Er war weder neu noch alt … irgendwo dazwischen. Als ich wenig später die schmale Treppe wieder hinaufging, gab es einen Stau, weil vor mir die korpulente Besitzerin des Koffers langsam hochstieg. Ich wartete stoisch. Die Dame, deren Gesundheit offensichtlich beeinträchtigt war, quälte sich mühsam die Treppe hoch. Mit ihrem Koffer sah sie aus, als wäre sie obdachlos. Ich beobachtete sie. Sie wollte kein Lächeln, sondern nur verschnaufen.

Eine Weile später kam ich zufällig an ein paar tollen Läden vorbei. Man hätte meinen können, sie stammten aus einem Film der Finos-Filmproduktion. Plötzlich schlug mein GPS einen Umweg vor. Ohne Grund. Manchmal könnte man meinen, es spinnt, aber ich vertraue ihm. Es weiß Bescheid. Es führt mich immer zu etwas Magischem. Ich landete also bei einer Fußgängerzone mit ein paar tollen Bars. Bei der mit der geheimnisvollen Beleuchtung, die wie aus einem Märchen schien, blieb ich hängen. Die Gäste amüsierten sich und ich noch mehr. Als wäre ihr WLAN nicht passwortgeschützt, und ich hätte heimlich Anteil an ihrem Treiben.

Beim Weiterfahren kam das Beste. Eine Live-Anmache. Sie eine attraktive Amerikanerin, er ein hochgewachsener junger Grieche. Anbandeln nannte man das früher. Als gäbe es eine Baustelle auf der Straße, fuhr ich langsamer, um kein Detail zu verpassen. »I don't mind«, sagte er irgendwann zu ihr, ohne etwas zu erwarten. Damit hatte er gewonnen. Sie sagte nichts, doch ihr Blick sprach Bände. Beim Wegfahren drehte ich mich mindestens dreimal verstohlen um, weil ich sehen wollte, wie es weiterging. Beim vierten Mal waren die beiden weg. Ich lächelte in mich hinein und vor mich hin.

Etwas später, in einer altmodischen Bar, saß eine Gruppe Studenten nicht sonderlich bequem an einem langen, schmalen Tisch. Der Bursche am einen Tischende hielt umständlich ein Handy in der Hand und versuchte erfolglos, sich ins Gespräch seiner Tischnachbarn einzuklinken. Ehrlich gesagt, hätte er dringend ein bisschen Unterstützung von dem großen Typen gebraucht.

Irgendwann ging ich zu meinem Smart zurück. Ich drückte auf die Fernbedienung, um ihn unter den anderen Autos zu erkennen. Er reagierte ungeduldig. Als würde er es mir übelnehmen, dass ich mich verspätet hatte. Als hätte ich ihn auf einer langweiligen Kinderparty abgestellt, und jetzt würde er mir den Marsch blasen.

Früher war ich nicht so. Ich empfand nichts, ich schloss mich niemandem an, ich hatte keinen Gefallen an diesen Dingen. Es kostete mich jahrelange Arbeit, meine Liebe nach außen zu zeigen, ihr etwas Luft zu verschaffen und meine Mitmenschen daran teilhaben zu lassen. Wenn du mich jetzt fragst, sage ich dir:

`Gefühle sind die Augen der Seele.`

Das weiß ich inzwischen, denn früher sah ich nicht, sondern schaute nur, ohne zu sehen.

Früher sah ich die Wellen auf dem Ozean einzeln. Jede einzelne für sich. Ich war eine davon und betrachtete die anderen voller Angst und Misstrauen. Aber heute ist meine Welle eins mit den anderen Wellen.

Jetzt bin ich endlich eins mit dem Ozean.

Das ist nicht erlaubt

_____ **WIR HATTEN ES UNS FÜR UNSEREN**
letzten Tag auf Kreta aufgehoben: Diese kleine Taverne war
das perfekte Finale. Schon Tage zuvor hatten wir einen Tisch
reserviert, vor allem aber wegen des berühmten Pilawgerichts.
Der sogenannte »Gamopilafo«, der »Hochzeitspilaw«, ist _die_
Attraktion dieser Taverne. Je näher der Tag kam, desto mehr
schleckten wir uns die Finger ab.

Wir kamen also in dem berühmten Restaurant an und bestell-
ten unseren Tsikoudia-Tresterschnaps und seine Honigvariante
Rakomelo. Als Erstes kam das fermentierte Brot mit dem herrlichen Öl. Es ging weiter mit dem herrlichen Wildgemüse Stamna-

gathi und dem oh so köstlichen Börek, einem gefüllten Strudel. Darauf folgte eine atemberaubende Marathopita, ein Fenchel-Blätterteig-Gebäck, das an Perfektion grenzte. Herrliche Düfte, herrlicher Geschmack, eine herrliche Taverne, ein toller Blick auf den Wald, eine wunderschöne Veranda, ein super Service und herrliches Wetter. Alles war herrlich.

Nach einer Weile kam eine Familie mit drei Kindern und nahm am Nebentisch Platz. Es waren stille, brave, disziplinierte Kinder. Kinder, denen man sagt, was sie tun sollen, und sie tun es. Schon bald baten die Kleinen darum, draußen spielen zu dürfen. »Können wir auf die Veranda gehen, Mama?« »Ja, geht nur«, hätte ich sofort zu meinen Töchtern gesagt. Die Mutter der Kinder gab jedoch keine Antwort. Es trat Stille ein. Ich wurde langsam unruhig und spitzte die Ohren. Die Antwort war schlimmer, als ich befürchtet hatte, sie war kriminell: »Das ist nicht erlaubt.«

»Natürlich ist es erlaubt, und die Veranda ist gesichert, und frische Luft ist das schönste Geschenk, das Sie Ihren Kindern machen können«, antwortete ich ihr wütend im Stillen. Ich war außer mir.

> Den größten Schaden
> an unseren Kindern
> richten wir selbst an.

Oft halten wir sie für die Erweiterung unserer selbst und haben das Bedürfnis, sie zu kontrollieren, für sie zu entscheiden, ihren Platz einzunehmen und ihnen Angst einzujagen. Ihnen das Ruder aus der Hand zu nehmen und sie in die Richtung zu lenken, die wir für richtig halten. Deine Aufgabe besteht jedoch darin, dich um deine eigenen Angelegenheiten zu kümmern. Nur wenn du dein eigenes Ruder in die Hand nimmst, kannst du für andere ein Vorbild sein.

Erst recht, wenn du es gewohnt bist, das Ruder deiner Kinder zu befehligen. Dann wachsen sie ohne Lenkung auf. Sie haben gelernt, dass immer jemand anderes über ihre Entscheidungen befiehlt. Und dann suchen sie ein Leben lang nach einer anderen Befehlsinstanz: beim Partner, ihren Freunden, bei Dritten, bei den Umständen.

Am Ende haben sie keine eigene Meinung, sind schwach und unglücklich.

Ein junger Elefant wurde nach seiner Vorführung draußen vor dem Zirkus angebunden. Einmal versuchte er, sich zu befreien, doch es gelang ihm nicht. Der Pflock war zu fest. Im Lauf der Zeit wurde aus dem kleinen ein großer Elefant. Er machte nie mehr den Versuch, seine Fesseln zu sprengen. Ihm schien der Pflock unüberwindbar, und er fühlte sich ihm gegenüber wie eine kleine Ameise. Er konnte seine Freiheit nie mehr finden.

Hütet euch vor Fesseln, du und dein Kind. Das gehört nämlich zusammen. Und bedenke bitte:

**Nichts von dem, was du willst,
liegt jemals im Umkreis des Pflocks.**

Schade!

____ ES SIND FREUNDINNEN VON FRÜHER.
Mitschülerinnen aus den ersten Klassen der Grundschule. Nach
Jahren hatten wir uns über Facebook wiedergefunden und beschlossen, uns zu treffen. Wenn man Gefühle, Lachen und Erinnerungen miteinander teilt, ist es, als würde man Öl ins Feuer
gießen und es auflodern lassen. Man wärmt sich daran und ver-
brennt sich auch mal daran. Man darf es bloß nicht langsam er-
löschen lassen. Bleib nicht an der Oberfläche. Nimm nicht die
Umgehungsstraße, sondern fahr durchs Zentrum. Auch wenn es
dort viel Verkehr gibt. Auch wenn es dort Schwierigkeiten gibt.
Leben – so nennt man die Schwierigkeiten.

Ich traf mich also mit den Freundinnen, und es war tatsächlich so, als hätten wir uns erst gestern gesehen. In unseren Augen konnten wir die kleinen Gesichter aus der dritten Klasse, die kleinen Hände und Füße in den Schulbänken sehen. Die angsterfüllten Kindergesichter, als der Lehrer uns aufrief und wir den Unterrichtsstoff nicht parat hatten.

Irgendwann erzählte Lukia eine Geschichte. Über eine ihrer Beziehungen. Beim Besteigen des Flugzeugs fixierte sie ein unbekannter Typ. Meine Freundin setzte sich auf ihren Platz, und der Typ kam auf sie zu. »Kann ich mich neben Sie setzen?« Sie war überrascht. »Leider nein«, antwortete sie, »ich glaube, da sitzt jemand anders.«

»Schade«, sagte er bedeutungsvoll und ging weiter. Dieses »schade« genügte, um meine Freundin durcheinanderzubringen. Ihre Gefühle hoben ab. Während des Fluges suchte sie seinen Blick. Es dauerte eine Weile, und dann geschah irgendwann das Schicksalhafte.

Ich sinnierte noch eine Weile über das »Schade« und dachte über die Kraft der Worte nach. »Schade« war nur ein Wort. Sechs Buchstaben, die eine Explosion zündeten und alles auf den Kopf stellten. Durch sie entstand eine Beziehung, und zwei Leben veränderten sich.

Worte haben eine gewaltige Kraft. Sie bestimmen unsere Empfindungen und kommunizieren sie. Sie sind aufbauend oder zerstörerisch. Jedes Wort ist ein Legostein.

Du musst seine Form, Größe und Farbe wählen. Vor allem musst du entscheiden, wo und wie du die Steine platzierst. Wo sie für *dein* Legogebäude gebraucht werden, nicht für das deines Nachbarn.

Oft gehen wir mit Worten um, als wären sie Abfall. Als wollten wir sie loswerden. Als wären sie völlig wertlos. Als wären sie leer, hohl, nutzlos. Als hätten sie keinen Auftrag. Und doch sind deine Worte deine Bausteine. Deine Worte sind dein Leben. Auf der Straße sitzt ein blinder Bettler. Auf dem Pappschild neben ihm steht: »Ich bin blind, bitte helfen Sie mir!« Passanten gehen vorbei und lassen hin und wieder eine Münze liegen. Dann kommt eine gut gekleidete Frau vorbei, bückt sich, nimmt das Pappschild und schreibt die Botschaft neu. Sie geht weiter, und es ist, als würde sich der Himmel öffnen und es würde Geld regnen. Plötzlich legen die Passanten dem Bettler viele Münzen in seinen Becher. Der Blinde ist völlig perplex. Nach einer Weile kommt die Frau wieder vorbei. Der Blinde erkennt sie an ihren Schuhen, die er zuvor betastet hat.

»Was haben Sie getan?«, fragt er besorgt.

»Ich habe nur etwas anderes draufgeschrieben«, sagt sie lächelnd, und die neue Botschaft kommt ins Bild: »Heute ist ein wundervoller Tag, und ich kann ihn nicht sehen.«

Das Video endet mit den Worten:

```
Change your words,
 change your life.
```

Guten Tag!

_____ **ES WAR UNSER LETZTER TAG** nach einer zauberhaften Woche auf Kastelorizo. Wir konnten es nicht erwarten, noch einmal den Miniaturflughafen der Insel zu erleben, der den Sechzigerjahren entsprungen zu sein schien. Kurze Landebahn, als Gepäckband diente die Ladefläche des Pickups, der die Koffer und die anderen Sachen brachte. Wir waren schon um sechs Uhr morgens aufgestanden, damit uns der einzige Taxifahrer, der aussah wie aus den Siebzigerjahren und in seiner Jugend bestimmt mal ein großer Aufreißer war, mitnahm. Ein guter Typ mit Schnauzer, Adamsapfel und auch mit seinen sechzig Jahren noch schlank und muskulös.

Irgendwie hatten wir vergessen, dass wir durch die Gepäckkontrolle mussten. Das Ursprüngliche des Flughafens hatte dies bewirkt. Wir reihten uns also in die Schlange ein, um unser Gepäck durch das Gerät zu schleusen. Irgendwann fiel mir ein zu fragen, ob ich den Laptop oder das Tablet herausnehmen sollte. Ich beschloss dann aber, nicht zu fragen.

Da sah ich ihn in einer Ecke hinter dem Förderband. Grimmig, strenger Look, graues, mit Gel geglättetes Haar, barscher Gesichtsausdruck, geschniegelt und gestriegelt in seiner Polizistenuniform. Aufrechte Haltung, kein Lächeln. Keiner, dem man um sieben Uhr morgens begegnen möchte, besonders wenn man kein Frühaufsteher ist. Ich hatte das Urteil von meinem Podest herab verkündet und würde keinen Einspruch akzeptieren. Hart und unnachgiebig.

Maria ging als Erste durch die Kontrolle und stürzte sich buchstäblich auf ihn. Ich war gerade dabei, das Komboloi und anderen Klimperkram aus der Tasche meiner Bermudashorts zu nehmen, und beachtete sie ehrlich gesagt nicht groß.

»Guten Tag«, sagte Maria.

»Einen schönen guten Tag, Madame«, antwortete ihr der Polizist mit einem breiten Lächeln. Wäre es ein Drehzahlmesser gewesen, hätte es sich im dunkelroten Bereich bewegt.

»Sind Sie von hier?«

»Nein, aus Larissa.« Er lächelte immer noch.

»Gefällt es Ihnen hier?«

Da strahlte er. Erleichterung, seine Gefühle kamen zur Ruhe.

»Ja, sehr gut. Ich liebe diesen Ort, als wäre er meine Heimat. Hier werden wir gesund. Hier ist unser Zufluchtsort. Hier geht es uns gut. Hier können wir wieder leben.«

»Alles Gute!«

»Ihnen auch, Madame.« Sein Lächeln war immer noch im dunkelroten Bereich.

Ich kam mir vor wie ein Idiot und überlegte, wie dumm es von mir gewesen war, über diesen Menschen zu urteilen. Einen Menschen, der nichts als Freude und Lebendigkeit versprühte. Der gern bereit war, anderen davon etwas abzugeben. Oft spreche ich in meinen Vorträgen über die dreizehn Gewohnheiten des Beobachtens und Urteilens. Ich spreche darüber, halte mich aber selbst nicht daran.

Ich dachte aber noch eine Weile darüber nach, wie bedeutsam jede einzelne unserer Entscheidungen ist. Marias »Guten Tag« hatte die ganze Situation verändert. Sie hatte ihren Tag schwungvoll begonnen, das Lügengebäude war eingestürzt, und die Wahrheit war zum Vorschein gekommen, hatte die Wolken vertrieben, und die Sonne war sichtbar geworden.

```
Okay, Mann, verändert
    ein »Guten Tag«
etwas in meinem Leben?
    Ja, mein Freund.
Es wird dein Leben verändern.
Du brauchst es nur auszusprechen.
```

Sich verlieren

____ **FÜR KOSTAS HABE ICH EINE** besondere Schwäche. Kostas ist der Artdirector von Key Books, dem Verlagshaus, bei dem mein erstes Buch, *Das Geschenk*, erschienen ist. Außerordentlich kreativ, ein Ästhet sondergleichen und ein unglaublicher Feinschmecker. Er liebt gutes Essen, aber noch lieber mag er leckere Süßigkeiten. Er kennt die besten Konditoreien in jedem Winkel unseres Landes.

Kostas nahm meine Geschichten und machte daraus ein Buch. Er stellte sie zusammen, hauchte ihnen Atem, Farbe, Raum und Luft ein. Er machte sie bekannt und verlieh ihnen eine Existenz. Kostas hat buchstäblich die halbe Arbeit an diesem Buch gemacht.

Bei meinem zweiten Buch, *Captain,* hatten wir, ehrlich gesagt, unsere Mühe mit dem Cover. Wir hatten es an externe Partner im Ausland gegeben, die normalerweise gute Arbeit leisten, aber diesmal klappte es nicht.

Es war anscheinend der Wunsch von oben, dass Kostas diese Arbeit übernehmen sollte. Das Buch *Captain* habe ich für meinen Vater, meine große Liebe, geschrieben. Dieses Buch könnte die Asche meines Vaters sein, so etwas Besonderes, um nicht zu sagen, Heiliges ist es.

Kostas bearbeitete es von allen Seiten, bis der Schlawiner die Lösung gefunden hatte: Er fand das Konzept, er fand die Farben, den Schrifttyp, die Lichtgebung fürs Cover – er fand einfach alles. Nachdem er noch eine Zeitlang herumgespielt hatte, wurde es richtig perfekt. Wir hielten es einhellig tatsächlich für Perfektion schlechthin.

Vorgestern war ich im Verlag. Kostas öffnete mir. Manche Dinge geschehen nicht zufällig. Wir umarmten uns und wechselten ein paar Worte. Ich kam direkt zur Sache: »Hey Mann, du hast genau ins Schwarze getroffen!«, sagte ich und sah ihm in die Augen. Beinahe wäre mir eine Träne entwischt, doch ich konnte mich gerade noch zurückhalten.

»Beim Arbeiten verliere ich mich gern«, antwortete Kostas. »Ich verliere mich buchstäblich in meiner Arbeit, außerhalb von ihr, um sie herum, überall.« (Frei übersetzt würde ich »im Flow sein« dazu sagen.)

»Wenn ich mich nicht darin verliere, kann ich nicht funktionieren«, fuhr er fort. »Nur so kann ich funktionieren. Wenn man mich nicht darin aufgehen lässt, höre ich auf. Dann gehe ich.«

Er erinnerte mich ein bisschen an eine Pythia in Ekstase, die Blätter raucht, den Dampf einatmet und ein Orakel spricht. Etwas an der Schnittstelle zwischen den beiden Welten.

Wie schön ist es, sich buchstäblich in dem zu verlieren, was man gern tut!

```
        Gib alles,
   egal, was du tust.
```

Sich verlieren und wieder auf die Spur kommen, aber vor allem: sich verlieren und es auch noch toll finden. Es toll finden, sich zu verlieren.

Erst dann, meine ich, kannst du dich selbst finden.

Wann denn? Wenn ich mich verliere?

Ja. Erst dann kannst du dich tatsächlich finden.

Wenn du dich verlierst.

Ein edler Mensch

_____ **ER HEISST NIKOS**. Er ist kein enger Freund von mir, aber ein Freund. Ich sehe ihn nicht öfter als einmal im Jahr, doch wenn wir uns treffen, ist es, als würde ich mich rückwirkend freuen. Als wärest du Rentner und man würde dir einen höheren Betrag überweisen. So groß ist meine Freude, wenn ich Nikos sehe.

Er ist in jeder Hinsicht ein guter Typ. Groß, aufrecht, ein ganzer Kerl, wie es nicht viele gibt. Immer lächelnd und freigebig. Mit seinem Geld, aber auch mit seiner Seele. Ein lebhafter Mensch, der gern feiert und gutes Essen liebt. Als außergewöhnlicher Ehemann und Familienvater versteht er es, seine Familie – und sein Leben – zu managen. Immer kann er einem eine gute Taverne oder einen schönen Ort empfehlen und kann immer ein tolles Gedicht vortragen.

Einmal brauchte ich seine Hilfe. Er sagte es mir nicht, aber ich weiß, dass er sein Programm komplett umstellte, damit wir uns treffen konnten. Ich weiß noch, dass er sich mit meinem Problem so befasst hatte, als wäre es sein eigenes – ja, sogar mehr als das. Er machte sich Gedanken, war betrübt, zerbrach sich den Kopf darüber und kam erst dann zur Ruhe, als er die Lösung gefunden hatte. So ein Mensch ist Nikos. Ein Bruder.

Heute waren wir in einem meiner Lieblingsrestaurants im Stadtteil Glyfada, um den Geburtstag meiner Tochter zu feiern. Ich sah Nikos kommen und wusste, dass er zu uns wollte, denn er liebt gutes Essen, der Schlawiner. Er sah ein bisschen besorgt aus, denn als Familienoberhaupt wollte er als Erster da sein, um alles perfekt zu organisieren. Als er mich sah, leuchtete sein Gesicht. Er kam auf mich zugelaufen, umarmte mich fest und stellte sich vor. Er freute sich sehr, und meine Töchter ebenfalls. Er hatte nur freundliche Worte für sie, Worte, die jedem Mädchen gefallen. Danach ging er zu seinem Tisch.

Ich unterhielt mich mit meinen Töchtern und vergaß ihn darüber. Als ich mein Glas Wein getrunken hatte, brachte mir der Ober ein volles. Ich war verwirrt.

»Von dem Herrn da drüben«, sagte er und wies mit dem Kinn in Nikos' Richtung.

Einen Moment lang war ich perplex.

So etwas war mir schon lange nicht mehr passiert. Ich hatte schon lange nicht mehr so was Schönes erlebt. Ein wunderbares Gefühl. Es beinhaltet Liebe, Miteinander-Teilen und Dankbarkeit, es beinhaltet alles. Beim Gehen ging ich bei ihm vorbei, um mich zu verabschieden. Ich packte seine Schulter und bedankte mich mit Worten, aber vor allem mit meinem Blick. Er verstand sofort. Wir waren uns einig.

Einige Jahre früher, als es in Griechenland noch Drachmen gab, sagte ein Freund zu mir: »Ein Reicher ist jemand, der Geld hat. Ein edler Mensch ist jemand, der anderen etwas spendiert, auch wenn er selbst nur einen 1000-Drachmen-Schein in der Tasche hat.«

So ein Mensch ist Nikos.

Ein edler Mensch.

Ins Handeln kommen

—— SIE ERSPÄHTEN MICH AUS DEN Augenwinkeln und nagelten mich mit ihren Blicken fest. Mir wurde klar, dass sie mich vermutlich kannten. Als ich näher kam, wusste ich Bescheid. An ihrem Gesichtsausdruck konnte ich ihre Fragen ablesen:

»Stefanos?«

»Ja.« Ich lächelte

»Wir haben Ihr Buch gelesen, es hat uns gefallen.«

»Das freut mich sehr, meine Damen.«

Die beiden waren im mittleren Alter, um die fünfzig, vielleicht auch etwas älter. Sie waren fröhlich und nett, positive Menschen. Sie waren auf der Suche. Sie lasen Bücher. Wenn man sucht, wird man früher oder später fündig. Wenn man nicht sucht, findet man nichts. So einfach ist das. Wir wechselten ein paar Worte, dann sprang ich ins Wasser.

Manchmal braucht das, was man sieht, eine Weile, um in einem »zum Ausdruck« zu kommen. Im Wasser rief ich mir den Gesichtsausdruck der beiden noch einmal in Erinnerung. Die Dame links war bedrückt. Es war, als könnte ich tiefer in sie hineinschauen.

Ich beobachtete die beiden unauffällig. Vermutlich würden sie nun auch schwimmen gehen. Da ich meine klassische Strecke schwamm, sprach ich sie auf dem Rückweg an. Ich sprach mit beiden, wandte mich aber vor allem an die Bedrückte. Als hätte ich »gerochen«, was sie beschäftigte.

»Sie können noch so viel lesen, an noch so vielen Seminaren teilnehmen, meine Damen, und noch so viel Selbsterkenntnis betreiben: Das Wichtigste ist, ins Handeln zu kommen. Damit das Werkzeug, das ganze System arbeitet. Mein Vater ist mit 89 unerwartet verstorben, sonst hätte er es noch bis 100 gemacht. Sein Geheimnis: Von 19 bis 84 hat er ununterbrochen in der Schifffahrt gearbeitet. Bis zur letzten Woche seines Lebens kümmerte er sich um seine Tomatensträucher. Und meine Mutter? Sie ist 78 und sieht aus wie 65. Unermüdlich kümmert sie sich um Kinder mit zerebraler Lähmung und hilft ihnen. Ihr reicht die Zeit nicht aus. Wenn man Holz nicht bearbeitet, wird es krumm. Wenn man ein Fahrrad nicht benutzt, rostet die Kette. Wenn man Erde nicht umgräbt, wird sie fest. Warum sollte es beim Menschen anders sein? Ins Handeln zu kommen ist das beste Antidepressivum.«

Sie hörten aufmerksam zu, besonders die Bedrückte.

»So ist es.«

»Womit beschäftigen Sie sich, meine Damen?«

»Mit dem Haushalt, jetzt, wo die Kinder groß sind«, sagte die Bedrückte.

»Ich unterschätze diese Arbeit überhaupt nicht, aber Sie müssen sich noch etwas suchen, das Sie ausfüllt. Damit Ihr System arbeitet. Damit Sie sich Ihren Traum erschaffen.«

»Vor einiger Zeit bin ich tatsächlich zu einer Organisation gegangen und habe geholfen.«

»Hat es Ihnen gefallen?«

»Ja, sehr.«

»Warum gehen Sie nicht mehr hin?«

»Ich werde wieder hingehen.«

»Gehen Sie jetzt hin.«

Handeln ist das, was ich heute tue. Im Jetzt. Das Morgen ist ein Ziel, eine Wahrscheinlichkeit. Selbst Worte wie »in einer Stunde« sind ein Plan, sind Zukunft. Die Zukunft ist ein Drehbuch. Sie kann so eintreffen oder auch nicht. Der Konjunktiv ist ein Wunsch. Der Imperativ ist ein Aufruf. Die Vergangenheit ist Geschichte. Handeln ist die Gegenwart. Das Jetzt.

»Handeln« ist das magischste aller Verben.

Es ist der Schlüssel zum Leben. Man sagt nicht von ungefähr: »Der Anfang ist die Hälfte vom Ganzen.«

Meine Töchter machen mit ihrer Mutter Ferien auf Schinoussa, ihrer Lieblingsinsel. Heute ruft mich die Jüngere an und erwischt mich zu Hause.

»Was machst du gerade, Papa?«

»Ich bin gerade heimgekommen, gehe jetzt schnell duschen und habe dann etwas zu erledigen.«

»Nein, Papa, du hast mich nicht verstanden. Was du *jetzt gerade* machst, meine ich.«

»Hab ich dir doch gesagt!?«

»Nein, Papa, *du sprichst gerade mit mir*. Das machst du.«

Wenn das Küken schlauer ist als die Henne …

Hat es mit Ihnen
gesprochen?

—— **EIN GUT AUSSEHENDER**, gut gelaunter junger Mann. Er verkauft Sesamkringel auf dem Syntagma-Platz. Sauber, gut gekleidet, als würde er zu einem Bewerbungsgespräch kommen. Aber so ist er nicht nur am ersten Tag, sondern jeden Tag.

Oft habe ich tagsüber Lust auf einen Happen zwischendurch. Sesamkringel gehören zu den größten Erfindungen. Das ist der perfekte Zehn-Uhr-Snack. Schnell, schmackhaft, gesund.Kann ich nur empfehlen!

Den besagten jungen Mann habe ich an genau dieser Stelle schon mal gesehen und auch mehrmals etwas bei ihm gekauft. Wenn man sieht, dass die Leute Schlange stehen, gibt es garantiert was Gutes. Die Sesamkringel schmecken mir, wenn sie halb durch und einen Tick mürbe sind. Nicht knochentrocken. Sie müssen noch Biss haben. Jetzt war ich an der Reihe. Bevor der Typ mich fragen konnte, hatte ich schon auf den Kringel gedeutet.

»Den da ganz oben, bitte«, sagte ich entschlossen.

Seine Antwort war ihr Geld wert:

»Hat er mit Ihnen gesprochen?«

»Wie?«

»Hat der Sesamkringel mit Ihnen gesprochen?«

Ich musste herzlich lachen. Diese Pointe war so gut, dass es sinnlos war, darauf zu antworten. Manchmal ist ein Aufschlag einfach spitze.

Ich nahm das reichhaltige Gebäck in einer blitzsauberen Tüte entgegen und biss genüsslich hinein. Der Typ hatte mich nachdenklich gemacht. Er hatte Recht. Der Sesamkringel hatte tatsächlich mit mir gesprochen. Es war, als hätte er mir zugewinkt und ein Zeichen gegeben. Doch auch ich hatte ihm eines gegeben. Wir hatten uns miteinander verständigt.

Ob Gegenstände tatsächlich mit uns sprechen? Vielleicht spricht letztendlich alles. Vielleicht sprechen auch wir, selbst wenn wir nichts sagen? Vielleicht sprechen wir immer?

Ich glaube, ja. Wir sprechen unentwegt.

Das Problem ist, dass wir nicht hinhören.

Noch schlimmer: Wir sind nicht da. Genauer gesagt: Wir sind da, aber doch nicht da.

Dein Liebster, deine Liebste spricht mit dir, auch ohne Worte. Sein oder ihr Blick sagt dir immer etwas. Die Zeit spricht mit dir. Sogar dein Handy spricht mit dir. Meistens sagt es: »Lass mich in Ruhe!« (Damit auch du deine Ruhe findest.) Auch dein eigenes Ich spricht mit dir, ganz besonders es. Aber du hörst ihm nicht zu. Doch es ist immer da. Es sagt dir die Meinung. Und der Schlawiner hat immer Recht. Meistens gehen seine Worte bei dir zum einen Ohr rein und zum anderen raus. Denn leider herrscht im Hintergrund Lärm: Fernsehen, Werbung, Radio, Social Media, Genörgel, Nachrichten. Dauernd läuft irgendein Gerät, und das Wichtigste hören wir nicht: unser Inneres.

Wann veränderte sich mein Leben? Als ich begann, vor Tagesanbruch aufzustehen. Um mir zuzuhören. Zu einer Zeit, wo alles schläft, sogar mein eigenes Geschwätz. Das Geschwätz meines Verstandes. Und als ich den Fernseher rauswarf. Und als ich endlich die schlechte Angewohnheit ablegte, das Radio gleichzeitig mit dem Motor meines Autos einzuschalten. Und als ich beschloss, Zeit mit mir selbst zu verbringen. Nur wir zwei, ohne Dritte. Von dem Moment an, wo ich beschloss *zuzuhören*.

Wem?
Meinem Inneren.
Dem, was spricht.

Dem, was immer mit mir spricht.

Gute Manieren

_____**LETZTER TAG AUF SKIATHOS MIT** meiner Mutter und meinen Töchtern. Wir hatten eine wundervolle Zeit. Was bedeutet das? Ganz einfach: Der einzige Richter über dein Glück bist du. Du hast die Pinsel, du hast auch die Leinwand, wie der großartige Nikos Kazantzakis immer sagte. Du bist es auch, der bewertet. Das ist mir vor einiger Zeit klar geworden, und ich bewerte Dinge und Situationen, aber mehr noch mich selbst, nachsichtig. Ich führe ein einfaches Leben, weiß Kleinigkeiten zu schätzen und bin für alles dankbar. Es ist fantastisch, zwei Beine und zwei Arme zu haben. Und wenn du obendrein ein Dach über dem Kopf hast, sind alle Voraussetzungen für dein Glück gegeben. Du darfst einfach nicht bequem werden. Bequemlichkeit ist tödlich.

Wir stehen draußen vor dem schönen Hotel, bereit zur Abreise. Ich stelle Mama und die Mädchen für ein letztes Foto auf. Links und rechts stehen zwei Grüppchen, die bei der Aufnahme überhaupt nicht stören. Während die drei sich aufstellen, ist es, als hätte es Alarm gegeben: Auf einmal entfernen sich die Grüppchen, eines nach rechts, eines nach links, um nicht zu stören. Als hätte der Dirigent seinen Taktstock geschwungen, und die Instrumente spielten die Partitur völlig synchron.

Einen Moment lang war ich baff. Ich wandte mich ihnen zu und bedankte mich bei ihnen. Ich war beeindruckt. Sie grüßten mich und bedankten sich ihrerseits bei mir. Es wurde ein umwerfendes Foto. Wir verließen das Hotel, doch die Szene blieb mir in Erinnerung.

Das nennt man gute Manieren, und sie sind der Schlüssel zu einem besonderen Leben.

Gute Manieren heißt, gut, richtig und höflich zu handeln. Gute Manieren heißt, Danke und Bitte zu sagen. Gute Manieren bedeutet, einem Fremden die Tür aufzuhalten. Gute Manieren heißt, einem Passanten zuzulächeln. Gute Manieren heißt, sich bei der müden Kellnerin zu bedanken. Gute Manieren heißt, den erschöpften Verkäufer zu loben. Gute Manieren bedeutet, zu dem vorbildlichen Raumpfleger »Gut gemacht!« zu sagen. Gute Manieren bedeutet, den Fuß in die U-Bahn-Tür zu stellen, damit dein Schatz auch noch einsteigen kann. Gute Manieren heißt, die eine Sache zu finden, für die du dankbar bist, besonders wenn es hundert Gründe gäbe, nicht dankbar zu sein.

Gute Manieren sind das Salz
in der Suppe des Lebens.

Ohne gute Manieren ist dein Leben fade. Ohne Pep. Eine labberige Angelegenheit.

Gute Manieren bedeutet, dass du von der Bildfläche verschwindest, ohne dass dich jemand darum gebeten hat.

Die Orchidee

____ICH KAUFTE SIE ALS GESCHENK für meine Freundin. Mit einer weißen Blüte oder, besser gesagt, vielen weißen Blüten. Vier Pflanzen im selben Übertopf. Sie fielen mir sofort unter vielen anderen im Schaufenster auf, so wie einem ein kleiner Hund in der Zoohandlung auffallen würde, den man kauft und mit nach Hause nimmt. Als würde sie mich ansehen und mir zulächeln.

Ich schenkte sie meiner Freundin, die sie vom ersten Moment an liebte.

Sie ließ sie bei mir zu Hause, damit ich mich um sie kümmerte. Ich freute mich sehr.

So stellte ich sie an den sonnigsten Platz der Wohnung, denn es war Winter. Ich goss sie selten, nur sooft es nötig war. Ich betrachtete sie mit Stolz und redete mit ihr. Morgens öffnete ich für sie das Fenster, damit sie frische Luft bekam. Ich legte ihre Lieblingsmusik auf und ließ diese den ganzen Tag laufen. So wie ich für den kleinen Hund die Tür offen lassen würde, damit er ein und aus gehen kann.

Mit der Zeit entstand zwischen uns eine Verbindung, die immer stärker wurde. Wir respektierten uns gegenseitig. Ich widmete ihr täglich nicht mehr als fünf Minuten, doch die genügten ihr. Dann gab es die ersten Probleme. Als ich eines Tages die Topferde mit den Fingern berührte, stellte ich fest, dass ich sie wahrscheinlich häufiger als nötig gegossen hatte. Die Erde war sehr feucht. Und doch war selbst das ein Anlass, uns noch stärker zu verbinden. So als würde die Orchidee mir erlauben, sie zu berühren. Jetzt gehörten zu unserer täglichen Routine *auch* Berührungen.

Doch allmählich begannen ihre Blüten zu schmollen, den Kopf hängen zu lassen und zu welken. Sie verkümmerten und fielen nach und nach ab, zuerst bei der einen Pflanze, dann auch bei den anderen. Es tat mir weh, und statt uns zu verbinden, begann der Schmerz, uns zu trennen. Ich wendete sogar den Blick von ihr ab, weil es mir wehtat, sie krank zu sehen.

Doch ich öffnete nach wie vor das Fenster und berührte sie mit den Fingern. An Musik war nicht zu denken. Doch ich sah sie nicht mehr direkt an, sondern verstohlen, wenn sie mich nicht ansah.

An jenem Tag kam also meine Freundin. Sie war die Erste, mit der ich über meinen Schmerz sprach, und ich verspürte Erleichterung. Doch ihre Feststellung war wie eine Erlösung.

»Schau mal«, sagte sie, »sie bekommt Knospen!«

Und was sah ich?

Einen Trieb mit Knospen, die kurz davor waren aufzubrechen! Voller Leben und Schönheit und vor Gesundheit strotzend. Ich war vor Freude ganz aus dem Häuschen und konnte es nicht fassen. Ich schwebte wieder im siebten Himmel.

Meine Orchidee hatte mir das allerschönste Geschenk gemacht: Sie war wieder zu neuem Leben erwacht.

Es war, als wäre dieser Trieb auch in mir erblüht.

**Als hätte Gott mir dieses Jahr
Frühling und Ostern früher gebracht.**

Von meinem Papa

___ **DAS WOCHENENDE MIT MEINEN** Töchtern war toll. Wenn man getrennt lebt, lernt man, sich über jede Sekunde mit seinen Kindern zu freuen. Geplant waren zwei gemeinsame Abende. Zum Schluss wurden drei daraus. Nafplio zur Fasnachtszeit war toll, sowohl Fasnacht als auch Nafplio. Je größer die Mädchen werden, desto tiefgründigere und vertraulichere Gespräche führen wir. Immer mehr Fäden verbinden uns in einer komplexen, wunderschönen Beziehung. An diesem Wochenende verbrachte ich also Zeit mit den beiden, aber auch mit jeder Einzelnen. Einerseits bin ich ganz erfüllt von ihnen, andererseits kann ich gar nicht genug von ihnen kriegen. Und je mehr ich von ihnen erfüllt bin, desto weniger kann ich genug von ihnen kriegen.

Ich bin stolz auf die Beziehung mit meinen Kindern. Je mehr ich an mir arbeite, desto mehr lerne ich darüber, ein besserer Vater zu sein. Ich weiß, dass ich immer wieder Mist bauen werde, also entspanne ich mich. Ich möchte gern glauben, dass ich mit meinen Kindern eine gleichberechtigte Beziehung führe. Ich versuche, ihnen auf Augenhöhe zu begegnen, wie es ein brillanter Pädagoge in einem seiner Vorträge so treffend gesagt hat.

Gleichberechtigung hat ihren Preis, so wie Demokratie, aber sie ist bei Weitem das Beste.

Ich brachte die Mädchen also zu ihrer Mutter zurück, weil sie mit deren Familie Drachen steigen lassen wollten. Später rief ich sie an, um mit ihnen zu sprechen. Wenn es deinen Kindern gut geht, willst du nichts anderes. Du kannst ihr Glück schon von Weitem riechen. Ich konnte förmlich sehen, wie sie übers ganze Gesicht strahlten. Meine Schätzchen hatten einen tollen Tag gehabt. Ich sprach mit der Älteren. Kurz bevor ich auflegte, bat ich sie, der ganzen Gesellschaft Küsschen zu geben.

Es verging keine Sekunde, da hörte ich sie rufen: »Küsschen von meinem Papa!« Stille. Große Stille. Nicht wegen dem, was sie gesagt hatte, sondern wie sie es gesagt hatte. Sie schwebte. Doch es war auch das, was sie gesagt hatte. Dieses »Mein Papa« beinhaltete alles. Stolz, Genugtuung, Glück. »Küsschen von meinem Papa«, hatte sie gesagt.

Es ist eine Sache, Papa zu sein, aber eine andere, »mein Papa« zu sein. »Ein Freund« ist etwas anderes als »mein Freund«, »der Chef« etwas anderes als »mein Chef«, »die große Liebe« etwas anderes als »meine große Liebe«. Das Wort *mein* verbin-

det dich mit dem anderen und lässt euch *eins* werden. Und dann
bekommt das Leben eine andere Bedeutung.

```
    Mit  anderen  zu  teilen,
 dich  mit  ihnen  zu  verbinden,
   sie  zu  lieben,  mit  ihnen
        eins  zu  werden
      ist  der  Grund,  weshalb
          du  hier  bist.
```

Und dann verwandelt sich das Leben in wahres Leben.
Meine kleine Tochter hatte das begriffen.
Ich war gerührt.
»Papa?«
»…«
»Papa?«
»Ja, Liebes?«
»Bist du gerührt?« (rhetorische Frage)
»Ja, mein Schatz.«
»Ich liebe dich, Papa.«
»Ich dich auch, mein Schatz.«

Sehr sogar.

Streng dich an!

_____ ICH FAND DIE INSTRUKTIONEN im Internet und bereitete die Unterlagen vor. Zum ersten Mal würde ich mir einen internationalen Führerschein ausstellen lassen. Ich betrat das Verwaltungsbüro. Dort saß eine überaus freundliche junge Frau, die gerade dabei war, ihre Mittagspause zu beenden.

Neue Zeile»Geben Sie mir noch eine halbe Minute«, sagte sie und sah mich freundlich an. Da war das Eis gebrochen. Oft verkennen wir die Bedeutung des ersten Eindrucks. Ein bedeutender Mensch hat einmal gesagt: »Für den ersten Eindruck gibt es keine zweite Chance.«

Sie nahm meinen Pass in die Hand und starrte auf das Geburtsdatum.

»Fünfzig? Sie wirken viel jünger. Verraten Sie mir Ihr Geheimnis!«

»Sport und Bewegung, unter anderem.«

»Neulich kam ein Herr um die neunzig, aber er wirkte wie siebzig. Sein Geheimnis waren sein Garten und der Kontakt mit der Natur.« (Das erinnerte mich an meinen Vater.)

Wir setzten unser Gespräch fort und redeten über die wichtigen Dinge des Lebens. Sport treiben, lesen, Kontakt mit der Natur und andere Dinge. Ich sagte, dass manches sehr schädlich sei, wenn man sich täglich damit beschäftige, zum Beispiel Nachrichten und Realityshows. Sie führen dazu, dass wir überall Probleme und nirgendwo Lösungen sehen.

»Und welche guten Angewohnheiten haben Sie?«, fragte ich zum Schluss.

»Ich sehe mir leider seit zwei Jahren jeden Abend die Nachrichten an. Ich will das ändern und mit Spazierengehen anfangen, aber ich kriege es nicht hin.«

Bei so etwas werde ich verrückt. Ich will zwar ein tolles Leben, will aber nicht das, was mir zu diesem tollen Leben verhelfen wird. Ich will in die nächsthöhere Klasse versetzt werden, aber nicht dafür lernen. Und erst recht keine Prüfungen schreiben. Ich frage mich, warum man Diplome nach dem achtzehnten Lebensjahr abgeschafft hat. Die Hälfte von uns würde durchfallen. In den Seminaren von Antonis Kalogirou versuchten ein paar Teilnehmer manchmal, sich vor den »Hausaufgaben« zu drücken, die wir aufbekamen. »Ich krieg das nicht hin«, sagten sie zu ihm. »Streng dich an!«, entgegnete er ihnen dann.

Ich persönlich kenne niemanden, der morgens aufwacht und sagt: »Heute will ich mir mein Leben versauen«, aber eine überwältigende Mehrheit tut es.

```
Es ist eine Sache zu wissen,
      was du tun musst,
   und eine andere Sache,
      es auch zu tun.
```

Das Erste ist eine Wissenschaft für sich. Das große Geheimnis der zweiten Sache lautet:

Streng dich an.

Ein ganz normaler Morgen

____ **NICHT IMMER BIN ICH DAVON** angetan, frühmorgens joggen zu gehen, aber ich tue es. Inzwischen weiß ich, wie gut Bewegung für meinen Körper und meine Seele ist. Heute war noch dazu ein wunderschöner Tag. Griechische Sonne. Spiegelglattes Meer. »Glatt wie Seide«, sagte mein Vater dazu früher immer.

Ich lud mir den *Economist* im Audioformat aufs Handy und rannte los. Inzwischen weiß ich, wie wertvoll Wissen und Weiterentwicklung sind, und sorge dafür, meinen Wert täglich zu erhöhen. Beim Joggen bilde ich mich weiter, auch beim Autofahren, und schlage so zwei Fliegen mit einer Klappe.

An einer Stelle auf dem Weg hatte sich eine kleine Pfütze gebildet. Ein Auto näherte sich. Ich entfernte mich ein Stück vom Straßenrand, um nicht nassgespritzt zu werden. Der Fahrer war vorsichtig und fuhr um die Pfütze herum. Das hätte er nicht machen müssen. So freute ich mich sehr und wusste es zu schätzen. Ich habe inzwischen gelernt, meinen Fokus auf das Gute zu richten. Ich sehe das Gute. Früher sah ich es nicht.

Etwas später fand ich einen Plastikbecher, den jemand weggeworfen hatte. Zuerst lief ich daran vorbei. Dann dachte ich noch einmal nach, lief zurück und hob ihn auf. Inzwischen weiß ich, wie wichtig es ist, sich mit anderen zu verbinden und einen Beitrag zu leisten, und wenn es auch nur ein Plastikbecher ist, den man korrekt entsorgt. Ich weiß, dass ich jedes Mal, wenn ich etwas mehr tue, selbst etwas mehr werde. Dieses »mehr« tue ich jetzt.

Dann kam ich zum Strand. Dort begegnete ich einem Mann und wünschte ihm einen guten Tag. Er antwortete nicht. Ich urteilte nicht über ihn. Ich habe gelernt abzuwarten. Zwei Sekunden später grüßte er mich überaus freundlich zurück. »Ebenfalls guten Tag! Wir haben Glück, dass wir das hier haben«, sagte er und zeigte aufs Meer. »Ich glaube, unser Glück ist noch größer, weil wir wissen, dass wir Glück haben«, witzelte ich. Das gefiel ihm. Wir lächelten uns an und stellten dadurch eine Verbindung her.

Dann wurde es Zeit für meine Schwimmrunde. In dieser Jahreszeit ist das Wasser eiskalt. Ich weiß, dass ich im ersten Moment frieren werde, aber meine Energie wird den ganzen Tag lang ganz weit oben sein.

```
Mittlerweile weiß ich:
Wenn ich mich entscheide,
das Schwierige sofort zu tun,
habe ich es hinterher einfach.
```

Ich weiß, dass *ich* entscheide. Immer bin ich es, der entscheidet.
Heute habe ich nicht alle meine Probleme gelöst.
Ich habe nicht alles Anstehende abgearbeitet.
Aber ich habe einen guten Anfang gemacht.
Bei mir und meinen Mitmenschen.

So soll mein Leben von nun an sein.

À la crème

——**ICH WAR SCHON LANGE** nicht mehr dort. Warum, weiß ich nicht. Aber wenn ich hingehe, gehe ich immer mit einem Thema von dort weg. Immer passiert etwas Interessantes. Wie bei diesen Vogelbeobachtungsposten. Nun, dieses einfache Lokal ist sozusagen ein Menschenbeobachtungsposten.

So war es auch heute. Ich hatte es mir draußen an einem der Tische gemütlich gemacht und genoss meine Kalamari. Er stürmte wie ein Wirbelwind herein und setzte sich an den vordersten Tisch. Sein Tisch stand quer zu den anderen. Dort, wo er sich hingesetzt hatte, versperrte er den ganzen Durchgang. Und wenn ich sage »den ganzen«, dann meine ich den ganzen. Der

Typ war enorm, vor allem in der Breite. Knapp 1,80 Meter groß und etwas mehr als 150 Kilo schwer.Der Ober war sein Kumpel – wahrscheinlich hatte der Typ hier schon viel Geld gelassen. Höflich schlug er ihm vor, sich nicht in den Gang zu setzen, sondern auf die andere Seite des Tisches, »damit die Vorbeigehenden nicht behindert werden«. Äußerst diplomatisch, dieser Ober! Sein Kumpel erhob zunächst Einspruch, merkte aber schnell, dass für so etwas (buchstäblich) kein Platz war. Natürlich war es auch an der anderen Seite des Tisches problematisch. Wo hätte denn die arme Wand Platz haben sollen? Er setzte sich und zündete sofort eine Zigarette an. Pffff, machte die Zigarette, und pffff, gingen seine Atemzüge. Gestresst, flach, gequält. Er zog sich den Stuhl heran, um seine Sachen draufzulegen. Gestresst gab er dem Ober ein Zeichen:

»Es gibt doch Schnitzel, oder?«

»Ich frag mal nach.«

»À la crème. Mit Pommes. Schnell, ich hab's eilig.«

Das Schnitzel kam schnell und wurde vorbildlich neben die immer noch brennende Zigarette hingestellt. Der Ober brachte auch einen Löffel. Zuerst verstand ich nicht, warum. »Er weiß, wie der Hase läuft«, lautet eine Redensart. Der Mann hatte wegen der Crème um den Löffel gebeten. Der Löffel bewegte sich zwischen dem Tisch und seinem Mund hin und her, um die Crème zu transportieren. Eine recht große Strecke! Wäre es die Attiki-Straße gewesen, hätte man Mautgebühr zahlen müssen. Der Löffel ging hin und her, Gabel und Messer gingen hin und her, und vom Schnitzel blieb immer weniger übrig. Wie bei einem Umzug, bei dem sich das Haus immer weiter leert, während der Lkw immer voller wird.

Die Zigarette daneben brannte munter weiter, ebenfalls abgehackt und gestresst. Sie ragte schon über den Aschenbecher hinaus, weil der Aschestängel unverhältnismäßig lang geworden war. Der Löffel wanderte weiterhin munter hin und her.

Irgendwann fiel mein Blick auf die Zigarettenschachtel. Seitlich stand die Warnung: Rauchen kann töten. Ein Happen folgte auf den anderen, ein hektischer Atemzug auf den anderen. Der Bauch des Mannes verkeilte sich immer mehr zwischen Tisch und Stuhl. Wie bei den großen Rädern im Schiffsrumpf, die fast zerbrechen, wenn das Schiff an der Mole aufprallt.

Als der Mann gierig und gestresst sein À-la-crème-Gericht verspeist hatte, zündete er sich noch eine Zigarette an und ließ die andere einfach weiterbrennen. Sobald er auch diese hastig zu Ende geraucht hatte, bezahlte er und wollte gehen. Schwitzend, gestresst und noch schwerer. Dabei vergaß er die Tasche auf dem Stuhl. Ich wies ihn darauf hin, und er bedankte sich. Dann verließ er gestresst das Lokal.

In diesem Augenblick kam mir ein anderer Warnhinweis in den Sinn, der besser auf den Typen gepasst hätte:

Mit Hast und Stress kann ich mich selbst töten.

Die Evzonen

___ NACH DER BÜCHERAUSSTELLUNG im Zappeion-Gebäude gestern Abend gehe ich mit meiner Freundin in der Athener Altstadt spazieren. Nach einiger Zeit erreichen wir gegen elf Uhr das griechische Parlamentsgebäude, wo die Wachablösung stattfindet: Die beiden Evzonen werden gleich von ihren Kollegen abgelöst, die mit ihrem Vorgesetzten gekommen sind. Es sind alles baumlange junge Männer. Bei den zahlreichen Anwesenden herrscht feierliche Stimmung. Griechen und Touristen, Groß und Klein, alle verfolgen das Ritual mit höchster Aufmerksamkeit. Kein Laut ist zu hören. Sogar die E-Roller für die Touristen stehen ehrfürchtig still und beleuchten mit ihren eingeschalteten Scheinwerfern das einzigartige Schauspiel.

Das Ritual hat begonnen, und die ersten beiden haben sich in perfektem Gleichschritt bereits in Bewegung gesetzt. Gleich gehen die Neuen los. Im Gleichschritt treffen ihre Schnabelschuhe auf dem Marmorboden auf. Die Hand leicht zur Faust geballt, werfen die jungen Männer die Arme hoch, die dabei einen einheitlichen Winkel zu ihrem Körper bilden, und ihr Blick ist fest auf ihr Ziel gerichtet. Wir schwanken zwischen »die Luft anhalten« und »die Tränen zurückhalten«. Dies könnte eine Theateraufführung sein. Oder eine Tanzvorführung des besten Ballettensembles der Welt.

Aufgrund der unheimlichen Hingabe der Evzonen ist auch unsere Aufmerksamkeit auf dieses einzigartige Schauspiel gerichtet. Es herrscht vollkommene Stille, mitten im Trubel des Stadtzentrums. Wie eine Oase in der Wüste. Der Blick der jungen Männer ist nach außen gerichtet, aber noch viel mehr nach innen, wo sie in der Konzentration eine tiefere Kraft und völlige Hingabe an ihr Ziel zu erreichen suchen. Nach fünf Minuten ist das Ritual zu Ende, und jeder von uns geht wieder seines Weges.

Das war eine erfrischende Pause im Leben aller, die dort herumstanden. Als hätten wir unser Handy aufgeladen. So, meine ich, sind wir alle heimgekommen: stärker aufgeladen.

Ich halte oft Vorträge zu den dreizehn Gewohnheiten, die dein Leben verändern werden. Die elfte ist Konzentration. Das heißt, du konzentrierst dich vollkommen auf das, was du tust. Du schaltest dein Handy und alle Lärmquellen aus, um tief in dich zu gehen und an dir zu arbeiten. Um deine Diamanten zu schürfen. Diamanten sind Konzentration und enger Kontakt mit deinem Inneren. Dort liegt alles.

Leider vergeuden die meisten Menschen ihre Energie und Konzentration durch die Ablenkungen unserer Zeit. Fernsehen, Radio, Lärm, Internet, Handy. Die Menschen sind nicht präsent, sondern anderswo. Doch die Wissenschaft ist unerbittlich: Sie hat bewiesen, dass Multitasking und ein dauernd eingeschaltetes Handy deine Produktivität ruinieren und langfristig sogar deinen IQ beeinträchtigen.

> ```
> Das Problem ist nicht
>       Zeitmangel.
>    Das Problem ist
> Konzentrationsmangel.
> ```

Sag mal, was bedeutet Konzentration eigentlich?

Das, was du tust, so zu tun, als wäre es die wichtigste Sache der Welt.

Es mit jeder Faser deines Lebens zu tun.

Es so zu tun, als gäbe es ringsherum nichts anderes mehr.

So wie die beiden großen jungen Männer mit den Gardemaßen.

Unsere Evzonen.

Die Welt ist gut

—— IRGENDWO HATTE ICH FOLGENDES gelesen: Zuggleise haben auf der ganzen Welt einen bestimmten Abstand zueinander. Und zwar deshalb, weil die ersten Bahnlinien in den Spuren verlegt wurden, die früher die Räder von Kutschen hinterließen. So ist es auch im Leben. Manches sagen wir aus Gewohnheit.

Unsere Vorfahren haben es gesagt, und wir sagen es auch. Egal, ob wir es glauben oder nicht. Aber wenn du es oft genug sagst, glaubst du es irgendwann. Es wird auf deiner Festplatte gespeichert. Wenn du eine Vinylplatte wärst, würden diese Dinge in deine Rille eingraviert.

Ich weiß es noch von früher: Immer wenn ich von etwas »Schlimmem« hörte, kam sofort die Reaktion: »Die Welt ist schlecht.« Automatisch. So wie du den Punkt ans Satzende setzt, ohne groß darüber nachzudenken. Und so entsteht deine neue Realität, und neue Informationen werden in deine Rille eingraviert. Und deine Nadel folgt ihr einfach.

Letztes Jahr hatte ich das Glück, einigen bedürftigen Mitmenschen helfen zu können. Viel tat ich nicht. Ich nahm mir ein bisschen Zeit und lud ein Foto und einen Artikel hoch. Erfreulicherweise erhielt ich zahllose Nachrichten von Mitbürgern, die helfen wollten. Einer preschte voran, einen Obdachlosen von der Parkbank zu holen, weil er ihm als Erster das erste Bad nach langer Zeit schenken wollte. Ein anderer, der mit fünf weiteren Personen in einer fünfzig Quadratmeter großen Wohnung wohnte, sandte mir die Nachricht: »Schick ihn her. Ob zu fünft oder zu sechst, wir haben schon Platz.« Ein Dritter, selbst arbeitslos, bat mich um meine Bankverbindung, um zehn Euro von seinem Arbeitslosengeld auf mein Konto zu überweisen, weil er helfen wollte.

> Das Gute steckt in uns.
> *In uns allen.*

Die meisten Menschen haben jedoch Angst, das Gute in sich hervorzuholen. Dafür hat jeder seine Gründe. Wie im Chor, wo man nicht aus voller Kehle singt, aus Angst, falsch zu singen. So ist es auch im Leben. Das Gute verstecken wir und singen lieber das andere Lied, das falsche, auch wenn wir den Text nicht kennen. So wie damals in der Pubertät, als wir uns schämten, unsere Schönheit zu zeigen, und lieber mit pubertären Heldentaten und Zigaretten angaben. Wir fangen damit an, weil wir nicht auffallen wollen, obwohl es uns eigentlich nicht gefällt. Wir meinen, es sei cool, den Bösewicht zu spielen. Doch irgendwann geraten wir so tief ins Labyrinth und vergessen dann, wo der Eingang ist. Ich rede mit vielen Menschen. Fast alle klagen, wenn sie allein sind und sich sicher fühlen, darüber, dass sie das Gute hervorholen möchten, sich aber allein fühlen. Sie befürchten, von anderen ausgenutzt zu werden und dass es schiefgeht.

Und doch liegt das Gute in der Natur des Menschen. Gutes zu tun geht nie schief, es ist dein Sauerstoff. Das, was dein Leben schön macht. Der Grund, weshalb du hier bist. Trau dich nur mal, wenn viele Menschen anwesend sind, zu sagen: »Die Welt ist gut.« Sie werden sich auf dich stürzen. Jetzt sag es schnell jedem Einzelnen. Sie werden dir im Flüsterton antworten, damit niemand sie hört: »Mensch, ja, du hast Recht! Aber eine Schwalbe macht noch keinen Sommer, mein Lieber …«

Die Welt ist gut, mein Freund. Wenn du aber einen auf Bösewicht machen willst, ist das dein Recht. Letztendlich ist es dein Leben. Aber eines sollst du wissen: Das Böse ist nicht mehr angesagt. Genauer gesagt: Es war nie angesagt.

Das Gute schon.

Und wird es immer sein.

Die drei Tore

____ **DER FLUR BEI MIR ZU HAUSE** ist merkwür-
dig. Es dürfte ihn so gar nicht geben, aber das ist die Aufgabe
des Architekten. Unsere Aufgabe ist es, Spaß zu haben.
Und wer kann das am besten? Kinder. Kinder finden immer
einen Weg, um Spaß zu haben. Eines Tages sagte meine Ältere
zu mir:
»Papa, spielen wir Fußball?«
»Drinnen, mein Schatz, aber wo?«
»Im Flur.«
Sie nahm einen Softball von Ikea, stellte sich ins erste Tor (die
Tür) und positionierte mich im anderen Teil des Flurs.

»Du stehst hier und ich da. Immer wenn der Ball durch die Tür fliegt, ist es ein Tor.«

»In Ordnung.«

»Hinter dir gibt es noch eine zweite Tür. Wenn der Ball durch beide Türen fliegt, ist es ein Doppeltor.«

»Okay.« (Was hätte ich auch sonst antworten können?)

Also Fußball im Flur. Oft nimmt auch die Jüngere am Spiel teil, um einen von uns zu unterstützen. Vorgestern war so ein Tag.

»Mit wem willst du spielen, mein Schatz?«

»Mit keinem. Ich spiele allein.« (Wie soll das denn gehen? Beim Fußball gibt es zwei Mannschaften und zwei Tore.)

»Ich hab's!«, sagte die Große irgendwann. »Du bekommst dein eigenes Tor. Hier!«, und sie zeigte auf die Toilettentür.

Ich war baff. Zwischen den beiden Toren gab es tatsächlich ein drittes »Tor«. Das hatte ich noch nie gesehen. Nur meine Tochter sah es.

Wir begannen mit den drei Toren und den drei Mannschaften. Das war sehr lustig, weil wir alle drei jetzt nicht nur ein, sondern zwei Tore zur Auswahl hatten, in die wir den Ball befördern wollten. Das Spiel wurde total interessant. Wir amüsierten uns prächtig und lachten von ganzem Herzen.

Abends brachte ich die Mädchen zu ihrer Mama. Wir waren völlig verschwitzt, aber auch glücklich.

Auf dem Heimweg begann ich zu überlegen.

Ein drittes Tor? Wo gibt's denn so was? Wer könnte sich so etwas ausdenken? Nur ein Kind.

Die Kreativität von Kindern ist grenzenlos. Ihre Fantasie ebenfalls. Sie denken nicht in geraden Bahnen. Oder auf Gleisen. Auch nicht auf der Ebene. Sie denken frei. Räumlich. Sie denken weder im Gefängnis noch in einer Box noch in einem Gebäude. Sie denken draußen. Im Universum. Unermüdlich. Mit unzähligen Abstufungen von Freiheit.

Und nicht nur Kinder, sondern auch erwachsene Kinder. Neulich unterhielt ich mich mit einem Freund über Uber und Airbnb. Zwei Plattformen, die in der Taxi- und Hotelbranche alles verändert haben. Sie haben buchstäblich eine Revolution ausgelöst. Und Hunderte anderer Unternehmen sind ihnen gefolgt und wollten es ihnen nachmachen.

Kürzlich las ich das hervorragende Buch von Marilee Adams *Question Thinking. Die Kunst, die richtigen Fragen zu stellen.* Antonis Kalogirou hat in einem seiner Seminare gesagt:

Wer *Warum?* fragt,
ist ein Nörgler.
Wer *Warum nicht?* fragt,
ist ein ganzer Kerl.

Die Verkäuferin bei »Grigoris«

‗‗‗ **ES WAR DAS ERSTE MAL,** dass ich sie beobachtete. Die anderen Male hatte ihre Chefin ihr die Schau gestohlen, eine dynamische, überschäumende Frau, eine von der dominanten Sorte.

Aber meinen Tortilla-Wrap mit Putenfleisch und Käse bereitete immer besagte Verkäuferin zu. Zunächst hatte ich sie zwar gesehen, aber nicht angesehen. Dann hatte ich sie angesehen, aber nicht beobachtet.

Diesmal sah ich sie, sah sie an und beobachtete sie auch. Doch vor allem hatte ich meine Freude an ihr. Sie ließ mir gar keine andere Wahl.

Es begann damit, dass ich einen Tortilla-Wrap bestellte. Die Verkäuferin freute sich sehr und zeigte das auch. Sie strahlte übers ganze Gesicht. Wäre sie die Besitzerin gewesen, hätte sie sich nicht so gefreut. Ihre Frage, ob ich einen halben oder ganzen Wrap wolle, brauchte ich nur mit einer entsprechenden Geste zu beantworten, und schon hatte sie verstanden. Sie erwiderte sowohl mein Lächeln als auch meine Geste.

Meisterlich rollte sie die Tortilla auf der Arbeitsfläche aus und verteilte die Salatblätter so darauf, als würde Gott persönlich sie darüberstreuen. Anschließend legte sie mit chirurgischer Präzision den Käse darauf und dann drei Scheiben Putenfleisch, als würde sie auf einer Malerleinwand Symmetrieübungen machen. Als Tüpfelchen auf dem i verzierte sie ihr Kunstwerk sorgfältig mit vier Tomatenstückchen. Freundlich fragte sie mich, ob ich Salz wolle. Es dauerte eine Sekunde, bis ich ihre Frage kapierte, weil ich immer noch auf ihr Kunstwerk starrte, das mir mein Herz gestohlen hatte.

Jeder Handgriff erfolgte akkurat. Meisterhaft. Die Krönung dieses genussvollen Rituals war, als sie den Tortilla-Fladen um die Füllung wickelte. Als ob sie ein sehr teures Geschenk im besten Warenhaus verpackte. Sie schlug den oberen und unteren Teil des Fladens präzise ein und rollte ihn zu einem schönen Päckchen zusammen. Dann schnitt sie die Tortilla mit einem blitzsauberen großen Messer exakt in der Mitte durch, was zwei völlig identische kleinere Wraps ergab, die den Vergleich mit eineiigen Zwillingen nicht zu scheuen brauchten. Diese wickelte sie sorgfältig in zwei Stück Klarsichtfolie, die schon ordentlich neben der Arbeitsfläche bereitlagen. Zum Schluss brachte sie behutsam die »Grigoris«-Aufkleber auf der Klarsichtfolie an, so wie ein Florist an einem schönen Strauß einen Aufkleber mit dem Namen seines Blumenladens anbringen würde. Krönender Abschluss des Ganzen war, wie die Frau die beiden identischen Wraps ordentlich nebeneinander in eine Papiertüte legte und sie mir sichtlich stolz überreichte.

Ein paar Sekunden lang tat ich nichts anderes, als sie zu betrachten und zugleich zu bewundern. Am Ende nahm ich einen Wrap vorsichtig in die Hand, als wäre es ein kostbares, sehr zerbrechliches Figürchen.

Diese Frau besaß alles: Liebe zu genau diesem Tortilla-Wrap. Liebe zu ihrer Arbeit. Leidenschaft für ihre Kunst. Konzentration auf ihr Werk. Inspiration für ihr Schaffen. Hingabe an ihr Ziel. Doch auch der Tortilla-Wrap besaß alles. Er kostete 2,90 Euro, enthielt aber die ganze Liebe und Kunst dieser Welt. Stolz hielt ich ihn in der Hand.

Die Verkäuferin bei »Grigoris« hatte auch mir ein bisschen von ihrer Magie geschenkt.

Nichts ist sicher

___ **ER GEHÖRT SICHER NICHT** zu den sympathischsten Menschen. Ein grober Klotz und ein bisschen ungehobelt. Er kommt aus Kreta und verkauft Bananen. Ich treffe ihn immer auf dem Samstagsmarkt.

Ich liebe die Menschen auf dem Markt. Dorthin gehe ich, um Besorgungen zu machen, aber auch, um etwas zu lernen. Diese Menschen sind gebildet. Manchmal haben sie nicht unsere Ausbildung oder die unserer Kinder, aber sie besitzen eine andere Art von Bildung. In der Medizin nennt man solche Ärzte praktische Ärzte. Die Marktmenschen sind demnach die Lebenspraktiker, deshalb kennen sie das Leben auch so gut. Außerdem sind sie mitten in der Natur aufgewachsen. Es ist wunderbar, in der Natur aufzuwachsen.

Heute ging ich nur flüchtig bei dem Bananenverkäufer vorbei. Gerade verließ eine Kundin den Stand mit einer großen Tüte Bananen. »Sind Sie nächste Woche auch da?«, fragte sie ihn.

»Ja«, antwortete der Typ.

»Ganz sicher?«, fragte die Dame.

Aus seinem Blick sprach Weisheit:

»Nichts ist sicher.«

Sie lächelte ihm zu, und sie verabschiedeten sich.

Wenn ich solche pointierten Aussagen höre, ist es, als würde sie jemand mit einem breiten gelben Leuchtstift markieren, damit sie herausstechen. Ich markierte seine Worte also gelb, um sie mir später noch einmal vorzunehmen. So wie eine Take-away-Box mit köstlichem Essen, das man erst zu Hause genießt.

Die einzige Sicherheit im Leben ist, dass nichts sicher ist.

Ein anderer bestimmt das Wetter.
Du bestimmst, wie du dich
anziehst.

Nicht nur das Wetter. Wenn du das kapiert hast, wird sich dein Leben verändern. Du kommst zur Ruhe und wirst aufgeschlossener, aber auch dankbarer. Fröhlicher und effizienter. Und sicher gesünder.

Viele Leute richten sich nicht nach dem Wetterbericht, sondern versuchen, sich ihr eigenes Wetter zurechtzumachen. Statt die richtige Kleidung herauszusuchen, versuchen sie, das Wetter »herauszusuchen«. Statt sich selbst zu beherrschen, versuchen sie, die anderen zu beherrschen. Statt zu entscheiden, was sie mit dem Ball tun wollen, der ihnen zugespielt wird, versuchen sie, das Ereignis vorwegzunehmen. Deshalb werden sie müde, ärgern sich und werden zum Schluss krank.

Nur eines ist sicher: dass es keine Sicherheit gibt.

Im Grunde genommen ist auch das eine Sicherheit.

So wie vorhin

____ABENDS IM HAUPTORT DER INSEL TINOS.
Ich bin allein unterwegs und mache einen Spaziergang. Früher
hätte ich das nicht gemacht. Allein schon bei dem Gedanken, allein zu sein, hätte ich mich unwohl gefühlt. Ich hätte das Gefühl
gehabt, dass mich alle anschauen. Irgendwo habe ich gelesen,
dass man in jungen Jahren meint, dass sich alle mit einem beschäftigen. Wenn man älter wird, merkt man, dass sie sich weniger mit einem beschäftigen, als man dachte. Wird man noch älter,
merkt man, dass sich nie jemand mit einem beschäftigt hat – alle
hatten ihre eigenen Probleme. Heute beschäftige ich mich mit mir.
Und das hat mein Leben unvorstellbar leichter gemacht.

Während ich so ging, beobachtete ich die anderen. Und während ich sie beobachtete, ging ich weiter. Manche waren allein unterwegs, manche in Gruppen, es gab Pärchen, Kinder, Erwachsene, Familien. Ein schönes Summen, wie Bienen. Voller Leben, voller Bewegung, voller Vibes.

Irgendwann blieb ich abrupt stehen. Papa, Mama und zwei kleine Mädchen, beide um die sechs oder sieben Jahre alt. Wenn man Kinder hat, erkennt man das Alter nämlich auf den ersten Blick, so wie ein guter Gemüsehändler das Gewicht seiner Ware richtig schätzen kann.

Die Mädchen hatten eine entspannte Pose eingenommen, und ihr Vater fotografierte sie. Den Kindern war anzusehen, dass es ihnen Spaß machte. Sie kamen hübsch, frei und fröhlich rüber. Kinder wissen, wie man sich amüsieren kann.

Manche Eltern gehen mir auf die Nerven, und zwar gewaltig. Es ist, als würde ich ihre Energie riechen. Die Mutter der Mädchen war so ein Mensch. Während die beiden sich amüsierten, gab sie ihnen dauernd mit Händen und Füßen Zeichen, dass sie sich anders hinstellen sollten. Es war, als würde sie auch den armen Vater drängen, der das Foto machte. Ihnen gefiel aber die gewünschte Pose nicht. Wie ein Computergame, bei dem man mit aller Macht die Spielfigur in Gang bringen will, aber der Joystick klemmt.

Spannung und Ärger lagen in der Luft. Irgendwann hielt die Mutter es nicht mehr aus und platzte wütend heraus:

»Nicht so! So wie vorhin!«

Gesicht und Körper zeigten einen grimmigen Ausdruck. Als wollte sie den Mädchen einen Schubs geben, obwohl sie drei Meter entfernt standen. Die Kleinen hörten irgendwann auf, zu lachen und sich zu amüsieren, und konzentrierten sich auf ihre Mutter. Es waren nämlich brave Kinder. Manchmal ist es schlimm, wenn man ein braves Kind ist. Auf einmal zogen sich ihre kleinen Gesichter zusammen, ihre Freude, ihre Energie, ihre Kindlichkeit verflüchtigten sich. Als die kleinen Soldatinnen endlich die gewünschte Pose einnahmen, lächelte ihre Mutter ihnen zu – verhalten, versteht sich.

```
Manche Eltern halten ihre Kinder
für die Erweiterung ihrer selbst.
```

Sie meinen, sie stünden höher in der Hierarchie. Als könnten sie ihren Kindern Befehle erteilen. Als könnten sie sie, ihre Bewegungen, ihre Posen, ihr Äußeres, ihre Interessen, ja selbst ihre Gefühle beherrschen. Heutzutage bezeichnet man solche Eltern als toxisch, und das nicht zu Unrecht. Solche Eltern regen mich tierisch auf. Sie üben unangemessen Gewalt aus, auf Kosten der Kinderseelen. Etwas Reineres und Schutzloseres als Kinderseelen gibt es nicht. Als Kind trieb ich mich mit ein paar frechen, schlimmen Lausbuben herum. Einer von ihnen drückte es schön aus: Hau ab, du kannst mich mal!, würde er zu dieser Mutter sagen, wenn er hier wäre.

Hau ab, du kannst mich mal!, sagte auch ich im Stillen zu ihr und ging weiter.

Jannis-Tag

——IN DER MITTEL- UND OBERSTUFE an der Ionidios-Schule waren wir dick befreundet. Die vierte war unsere Lieblingsklasse. Zusammen mit diesen Schülern bin ich aufgewachsen.

Sechs Jahre lang waren unsere Leben miteinander verwoben und eins geworden, so wie sich manchmal Baumstämme umschlingen, sich wieder trennen und jeder für sich weiterwachsen. Und doch wird sie für immer dieser eine Stamm verbinden, zu dem sie geworden sind.

Je älter wir werden, desto häufiger erinnern wir uns an diese einzigartigen Jahre und wissen sie zu schätzen. Jene heiligen sechs

Jahre, unsere Lehrer, unsere Späße, unsere Streiche. Mit jedem Jahr, das vergeht, werden diese sechs Jahre noch heiliger.

Nach langer Zeit kamen wir neulich wieder zusammen. Wir hatten es geschafft, trotz unserer schwierig zu koordinierenden Termine. Doch noch viel mehr unserer Überzeugung zum Trotz, dass unsere Termine schwierig zu koordinieren waren. Das ist meistens so: Nicht die Schwierigkeit, etwas zu vereinbaren, ist schuld, sondern unsere Überzeugung, dass es schwierig ist.

Schließlich trafen wir uns zu fünft. Aber selbst wenn wir nur zu zweit gewesen wären, hätten wir eine tolle Zeit gehabt. Wir wollten es wirklich sehr.

Jannis hat schon in der ersten Klasse Mittelstufe neben mir gesessen und wird immer an meiner Seite bleiben. Er ist ein guter Freund. Jannis hat sein Leben im Griff und ist immer fröhlich, ein Witzbold, die Seele unserer Clique. Er hat ein herzliches Lachen. Wenn er lacht, lacht alles. Und alle.

Abgesehen von seinen Mädels (so nennt er seine Frau und seine Tochter) und seiner geliebten Arbeit liebt er Harpunenfischen.

»Hey, wie geht's dir? Gehst du noch Harpunenfischen?«, fragte ich ihn irgendwann.

Sofort veränderte sich sein Gesichtsausdruck. Er wurde ernst, freute sich aber gleichzeitig. Ich weiß nicht, wie er es fertigbrachte, diese beiden Dinge zu kombinieren, jedenfalls schaffte er es.

»Na klar!«

Er nahm einen Schluck Wein, um die Geschichte zu erzählen, dann schluckte er leer.

»… Also, es ist so.«

Pause.

»Alle zehn Tage fahre ich schnell nach Ägina. Sommer wie Winter. Ich lade die Ausrüstung aufs Motorrad, fahre gegen sieben Uhr morgens los, nehme die Fähre und bin kurz vor neun da. Ich bin allein unterwegs, leiste mir selbst Gesellschaft. Ich genieße diese Reise. Oft bekomme ich auch noch den Sonnenaufgang mit. Nach neun springe ich ins Wasser und bleibe ungefähr sechs Stunden drin. Ich genieße das unvorstellbar. Das ist mein Tag. Der Jannis-Tag.«

Wir, seine ehemaligen Mitschüler, sahen ihn lange an. Wir bewunderten ihn. Am Ende der Geschichte stießen wir auf seine Gesundheit an.

»Hey, Glückwunsch, Jannis! Glückwunsch, mein Freund! Du bist einzigartig.«

Danach dachte ich noch eine Weile darüber nach, wie schön das Leben jedes Einzelnen von uns wäre, wenn wir alle einen Tag für uns hätten. Nur für uns, niemand anderen. Einen Tag, der unserem Selbst gewidmet ist, damit es ihm gut geht, damit es genährt wird, damit es tun kann, was ihm gefällt. Einfach so, wie ein kleines Kind.

Nur wenn du erfüllt und glücklich bist, kannst du auch die anderen um dich herum glücklich machen. Wir würden buchstäblich in einer anderen Welt leben.

Es ist ganz wichtig, dass du deinem Selbst Priorität einräumst. Erst dann können auch die anderen für dich Priorität sein.

Es ist nicht so, dass wir den Menschen um uns herum nichts geben wollen.

Oft haben wir ihnen nichts zu geben.

Und Johannes der Täufer hat gesagt: »Wer zwei Mäntel hat, teile mit dem, der keinen hat.«

Er sagte nirgends, wer *einen* Mantel habe, solle diesen einen teilen.

Finde auch du deinen »Jannis-Tag«, mein Freund, meine Freundin!

Wenn du andere Menschen liebst,
dann fang bei dir an.

Wir bringen es wieder in Ordnung

___ **ER HEISST ODYSSEAS** und ist ein guter Freund von mir. Früher war er nur der Vater der engsten Freundin meiner Tochter. Inzwischen ist er in erster Linie ein Freund. Das ist wieder so eine Magie des Lebens: Über die eigenen Kinder gewinnt man neue Freunde. Viele von ihnen haben die gleichen Wertvorstellungen, sehr ähnliche Erfahrungen und Lebenswege. Odysseas gehört zu den Menschen, die ich besonders schätze. Vor zwanzig Jahren verließ er Albanien und kam nach Griechenland. Er arbeitete schwer, war hartnäckig und integer. Es wurde ihm nichts geschenkt. Er hatte auch mit dem Rassismus der Griechen zu kämpfen. Oft schreiben wir böse Dinge anderen Menschen zu. Wir sind immer die Guten. Und doch haben wir alles in uns. Das Gute und das Böse. Die Frage ist, wen von beiden du fütterst. Aber das ist eine andere Geschichte.

Odysseas legt Gärten an und pflegt sie. Er ist einer, der eine Arbeit viel besser erledigt, als man erwartet. Aber er ist auch derjenige, der sich seine Kunden aussucht. Diejenigen, die mit seinen Prinzipien und Wertvorstellungen vereinbar sind.

Odysseas und ich haben etwas gemeinsam: Beide lieben wir unsere Töchter abgöttisch. Auch er wird bei seiner Tochter zum Kind. Er begrüßt sie, umarmt sie, knuddelt sie, und sie hat eine große Schwäche für ihn.

Gestern also sprach er mit seiner kleinen Nefeli über die verrückten Dinge, die sie gemeinsam unternehmen.

»Wir machen alles. Wenn der Moment gekommen ist, legen wir los. Das reinste Chaos.«

Er lachte wie ein Kind, zeigte aber auch den Ernst eines Erwachsenen.

» … aber sie weiß, dass wir nachher wieder alles in Ordnung bringen werden.«

Ich hatte ihn noch eine Weile beobachtet, aber auch bewundert. Manchmal ist die Art, wie jemand etwas sagt, so einzigartig, dass es sich stark von allem anderen abhebt, so wie die Werbetafeln an den Musikarenen, auf denen die prominenten Namen prangen.

»Wir bringen es wieder in Ordnung.« Damit hatte mein Freund alles gesagt. Er sprach über das Zauberwort: über *die Grenzen*. Darüber, dass du bestimmst, wo du aufhörst und der andere anfängt. Wo der andere aufhört und du anfängst. Wo du deine rote Linie ziehst. Wo du deinen Vertrag schreibst. Wo du dir im Klaren darüber bist, was du willst und was nicht. Wo du dich abgrenzt. Gegenüber deinem Kind, gegenüber deinen Eltern, gegenüber deinem Schatz, gegenüber deinem Arbeitskollegen.

Grenzen sind ein Akt der Liebe.
Sie sind ein Akt des Respekts.

Ein Akt der gegenseitigen Achtung und der Selbstachtung, der uns Regeln lehrt. Und ein richtiges Leben ohne Regeln gibt es nicht. Ohne Regeln gäbe es ein heilloses Durcheinander. Fehlende Grenzen sind der Quell allen Übels.

Derzeit höre ich mir Robert Najemy fast täglich auf YouTube an. Er ist ein weiser Mensch. Spirituell, aber auch praktisch veranlagt. Gestern sagte er etwas Schönes: »Ich muss mich von meiner Angst, Nein zu sagen, befreien, um mit Freude Ja zu sagen.« Odysseas sagte es umgekehrt:

»Ich kann jederzeit etwas aufbauen, aber wenn es sein soll, reiße ich es halt wieder ein.«

Gut, nicht?

Bernard

_____ **ER WAR WIE EIN KIND,** obwohl er die vierzig schon überschritten hatte.

Eine Frisur wie die Comicfigur Tim, ruheloser Blick, eine kleine Brille, die auf seiner schiefen Nase immer wieder herunterrutschte, und vor allem eine kindliche Neigung und Begierde zu helfen.

Wir lernten ihn zufällig in Brüssel kennen, als wir ein Uber-Taxi anforderten, das uns zum Atomium bringen sollte, einem großen Bauwerk, das ein riesiges Atom darstellt. Es wurde 1958 anlässlich der Expo erbaut und zählt seitdem zu den Sehenswürdigkeiten der Stadt.

Er befand sich am allernächsten zu unserem Standort und hatte einen Score von 4,9. Ich musste ihn anrufen, damit wir uns treffen konnten. Zuerst hatte er nämlich fünfzig Meter weiter weg geparkt und suchte uns. Schließlich fand er uns und stieg aus, um uns persönlich die Tür aufzuhalten. Er war freundlich und warmherzig, als würde er uns bei sich zu Hause empfangen. Sein Auto war nicht eins der saubersten. Sein Englisch war nur mit Gottes Hilfe zu verstehen.

Beim Losfahren holte er ein kleines Glas mit bunten Bonbons heraus und bot sie uns an. Wir lehnten höflich ab. Unterwegs bat ich ihn um ein paar Informationen über Brüssel. Er überschlug sich, um uns nützlich zu sein, und bot dazu all seine Kenntnisse und sein mittelmäßiges Englisch auf. Letztendlich erklärte er uns alles, so gut er konnte. Irgendwann verfuhr er sich und bat uns um Entschuldigung. Einige Zeit später erreichten wir das gigantische Atomium. Er bedankte sich überschwänglich, wünschte uns ein gutes neues Jahr und hielt in dem Moment, als wir die Straße überquerten, vorbildlich an, um uns vorbeizulassen. Dabei schenkte er uns sein nettestes Lächeln. Es war unmöglich, ihm keine fünf Punkte zu geben. Nicht für den Zustand seines Autos und auch nicht für seine Englischkenntnisse, sondern für sein warmes Herz und seine Großzügigkeit, alles zu teilen. Er war bereits ein Freund, kein Fahrer.

Den Besuch des Atomiums hatten wir uns anders vorgestellt. Mehr als anderthalb Stunden standen wir draußen in der riesigen Schlange im Schneematsch, und letztlich entsprach der »belgische Eiffelturm« überhaupt nicht unseren Erwartungen. Aber wir amüsierten uns.

Auf dem Heimweg nahmen wir wieder ein Uber-Taxi. Der Typ war vorbildlich. Er kam buchstäblich auf die Sekunde pünktlich an. Er fand uns sofort. Sein Auto war blitzsauber und er selbst auch. Ein geradezu perfekter Fahrer mit dem typischen Beret. Er verfuhr sich nie. Wir nahmen die bestmögliche Route. Wie sein Englisch war, weiß ich nicht, denn wir wechselten kein Wort miteinander. Er war tadellos, aber auch trocken. Genau vor dem Hotel setzte er uns ab. Aus Neugier suchte ich später seinen Score heraus: 4,7 – und das, obwohl er alle Voraussetzungen für eine 5 mitbrachte.

Einmal wurde der bekannte Komponist Mikis Theodorakis gebeten, seine Meinung zu einem hervorragenden Konzert abzugeben, das ein ausländisches Philharmonieorchester im Herodion zu Füßen der Akropolis gegeben hatte. Er antwortete, es sei tadellos gewesen, nur habe ihm das menschliche Element gefehlt, die Seele. Ein Makel, selbst der allerkleinste, hätte das Konzert zu etwas Außergewöhnlichem und Menschlichem gemacht.

Genau das fehlte dem zweiten Uber-Fahrer. Bernards Liebenswürdigkeit, sein mittelmäßiges Englisch, aber auch seine große Seele, die dafür sorgte, dass er sich überschlug, um alles mit uns zu teilen.

Wenn ihr in Brüssel seid, würde ich das Atomium nicht empfehlen.

Es sei denn, Bernard bringt euch dorthin.

Dann auf jeden Fall.

Er ist nämlich eine Sehenswürdigkeit.

Monopoly

_____ ICH SPIELTE MIT MEINEN TÖCHTERN
Monopoly. Eins unserer Lieblingsspiele. Es dauerte nicht lang,
da zückten sie die Messer. Schon früh warfen sie mich raus. Zum
Glück gab es die Spielbank, sodass ich nicht arbeitslos wurde.
Zu Beginn erhältst du 1500 Euro. Das ist dein Startkapital. Im
übertragenen Sinn also nicht nur dein Geld, sondern deine Gesundheit, deine Freude, ja, dein Leben.
Immer wenn du über »Start« kommst, erhältst du 200 Euro. Immer wenn du Sport treibst, dich bewegst, joggst, tanzt, produ-
ziert dein Organismus Leben, Inspiration, Freude. Körperliche
Betätigung vermindert Angst, steigert die Energie, schützt die

Gesundheit. Körperliche Bewegung macht dich schlauer. Und glücklicher. Und bestimmt auch effizienter. Sie gibt deinem Leben einen Sinn.

Etwas später lauert die Einkommenssteuer auf dich. Her mit der Kohle! Jedes Mal 200 Euro. Kritik, Tratsch, Gejammer, Genörgel, Zynismus, Ausreden und die ganze Sippschaft. Das frisst dir dein Kapital auf. Deine Energie. Deine Inspiration, ja sogar dein Leben. Ich würde wirklich gern wissen: Wenn du im richtigen Leben jedes Mal, wenn du jammerst, 200 Euro blechen müsstest – würdest du dann noch einmal jammern?

Ein Stück weiter gibt es ein »Ereignisfeld« mit einem großen »?«, so groß wie das Leben. Du weißt nicht, was in der folgenden Sekunde passieren wird. Niemand kann dir garantieren, dass du morgen noch laufen kannst.

Es gibt nur das Jetzt. Versuch also nicht, die Karte auf dem Ereignisfeld zu erraten. Um die kümmert sich jemand anderes. Kümmere du dich darum, was du mit ihr machen wirst. Lerne, auf alle Karten entsprechend zu reagieren.

> Wünsche dir nicht,
> weniger Probleme zu haben.
> Arbeite lieber auf mehr
> Fähigkeiten hin.

Daneben gibt es noch das »Gefängnis«. Anfangs bist du nur zu Besuch dort. Misserfolge nennen wir das im Leben. Das Leben ist mit Fehlern gepflastert. Doch deine Fehler sind deine Erfahrungen. Es geht darum, aus ihnen zu lernen. Hab keine Angst vor Fehlern. Sie sind Freunde. Verbündete. Du brauchst nur dein Hirn einzuschalten. Ideen herunterzuladen. Darüber nachzudenken, warum dir genau das passiert.

> Arm ist nicht der,
> der kein Geld hat.
> Arm ist der,
> der keine Ideen hat.

Dann gibt es noch das »Elektrizitätswerk«. Es gehört zum »Wasserwerk«. Wenn du die beiden kombinierst, so wie alle Farbreihen, wirst du reich werden. Wenn du die ganze Farbreihe besitzt, sind die Mieteinnahmen viel höher als die Summe der Teile. Dies erfordert allerdings Konsequenz und Selbstdisziplin. Du wirst im Leben nie das bekommen können, was du willst, wenn du aufs Geratewohl Karten und Farben sammelst. Du brauchst einen Plan, Ziele und eine Strategie.

Dann gibt es noch die »Bahnhöfe«. Die Reise. Nicht nur Sonnenuntergänge und Strände, Landschaften und schöne Dinge. Jeder Tag ist eine Reise.

> Die schönste Reise ist,
> dieselben Dinge
> mit anderen Augen zu sehen.

Entwickle dich weiter. Lies Bücher, lerne etwas Neues, stell dir Fragen.

An der Ecke wartet der »Polizist«, um dich direkt ins Gefängnis zu schicken.

Wenn du dich nicht mit deinem Nächsten verbindest, wenn du isst, als gäbe es kein Morgen, wenn du die schlechteste Version deiner selbst wirst, wenn du zu deinem ärgsten Feind wirst, wenn du deine Gesundheit mit einer Hypothek belastest, wenn du dich nicht weiterentwickelst, wenn du nicht Bitte und Danke sagst, wenn du Dinge schlampig erledigst, wird dich der Polizist ins Gefängnis schicken. Du hast drei Versuche, um einen Pasch zu würfeln. Andernfalls musst du einen Fünfziger blechen, um freizukommen. Dein Kapital wird schrumpfen, und du auch. Es ist ganz einfach: Immer wenn du etwas weniger tust, wirst auch du selbst weniger.

Ich habe ja weiter oben schon gesagt: Die Monopoly-Euros sind nicht nur dein Geld – sie stehen auch für deine Gesundheit, deine Selbstachtung, deinen Überfluss, deine Freude, dein Glück. Manche haben die 1500 Euro genommen und daraus 100 000 gemacht, manche haben alles verloren. Beneide die Erfolgreichen nicht. Nimm sie dir zum Vorbild. Und suche ihre Gesellschaft.

> Du bist der Durchschnitt
> der fünf Menschen, mit denen
> du die meiste Zeit verbringst.

An der Kurve vor dem (Neu-)Startpunkt gibt es noch eine 100-Euro-Steuer. Lerne, eine Wahl zu treffen. Triff die richtige Wahl.

In einem unserer Seminare wurden wir gefragt, was wir tun würden, wenn bei einer Präsentation vor dem Chef ein Kollege zu uns sagen würde, dass wir dummes Zeug reden. Neun von zehn antworteten, sie würden ihm sagen, dass *er* dummes Zeug redet.

Der Referent antwortete mit einer Frage: »Das heißt also, wenn du Fußball spielst und der andere ein Eigentor schießt, dass du dann auch eines schießt?« Wir waren baff.

Der Mensch ist das einzige Säugetier, das Wahlfreiheit hat. Triff also die richtige Wahl. Wenn es sich lohnt, etwas richtig zu machen, lohnt es sich erst recht, es am Anfang falsch zu machen. Eine richtige Wahl zu treffen, lernst du nur, wenn du ganz oft eine Wahl triffst. Erst dann lernst du, richtig zu wählen. Du kannst dir kein Omelett machen, ohne Eier aufzuschlagen.

Würdest du beim Monopoly rückwärtsgehen? Vom Start aus nach hinten? Warum machst du das dann im Leben? Warum hast du keine Ziele? Wenn wir Ziele sagen, meinen wir konkrete, schriftliche und messbare Ziele. Steh mit deinen Zielen auf und geh mit ihnen schlafen, so wie du dich mit deinem oder deiner Liebsten schlafen legst.

Das Problem ist nicht, dass dir Zeit, sondern dass dir eine Richtung fehlt. So wie bei Usain Bolt: Wenn man ihm nicht sagt, wo er hinlaufen soll, kommt er nie ins Ziel.

Und selbst wenn du nur eine einzige Karte und einen Geldschein auf der Seite hast, freu dich darüber. Das nennt man Dankbarkeit, und sie wird dir eine weitere Karte und einen weiteren Geldschein bescheren. Fokussiere dich auf das, was du haben willst, und nicht auf das, was dir fehlt. Das ist der Unterschied zwischen Reichtums- und Armutsdenken. Nicht das, was du besitzt, sondern das, was du besitzen möchtest. Deine Gesundheit ist die Nummer eins.

Erfolg ohne Glück bedeutet Misserfolg. Hör auf, dich selbst zu bestehlen.

Zum Schluss die Würfel. Sie stehen für dein Handeln. Ich sehe, wie manche Spieler sie stundenlang in der Hand bewegen, aber nicht werfen. Ich höre, wie ihr Verstand plappert: » … bloß keinen Viererpasch! Und wenn ich zum dritten Mal einen Pasch werfe und ins Gefängnis komme? Hoffentlich würfle ich keine Drei in der Straße, wo ein Hotel stcht. « Hab keine Angst vor dem Würfeln. Das gibt dir Schwung. Es ist dein Leben. Deine Luft. Wenn du nicht würfelst, kommst du nicht weiter. Wenn du nichts riskierst, lebst du nicht.

Auf offenem Meer wird
dein Schiff vielleicht in Gefahr
kommen. Doch wenn es im Hafen
liegt, wird es sicher verrotten.

Das Monopoly-Spiel ist dein Leben, mein Freund, meine Freundin.
In einem Seminar sagte Vena, die Frau von Antonis Kalogirou, Folgendes:

**»Das Leben ist ein Spiel.
Und es verliert nur der, der nicht spielt.«**

Einen wunderschönen guten Abend!

____ **ES IST FRAGLICH,** ob ich ihn öfter als dreimal gesehen habe. Gewöhnlich kommt er zum Squashspielen, wenn wir gerade gehen. Mit Glatze, seinen gezwirbelten Schnauzer herausgeputzt, als würde er ihn jeden Abend mit einem Netz umhüllen, wie Hercule Poirot, damit er nicht die Form verliert. Ein bisschen rundlich, ein bisschen zu dick für Squash, etwa Mitte fünfzig.

Der Onkel einer Freundin. Er könnte ihr Freund sein. Genau genommen ist er das auch.

Mit seiner Präsenz füllt er den Court, aber auch die Atmosphäre. Er lächelt immer. Selbst wenn du ihm den Rücken zugewandt hast, wirst du dich umdrehen, um ihn zu sehen. Als bekämst du von ihm einen Schubs. Er heißt Stavros.

Gestern kam meine Freundin zum Court, um mich abzuholen. Sie wartete auf mich, und da kam ich schon schweißgebadet heraus. Wir setzten uns und plauderten ein bisschen. Ich saß mit abgewandtem Rücken, als Stavros hereinkam. »Einen wunderschönen guten Abend!«, donnerte seine angenehme Stimme, und sein Lächeln hüpfte im Court wie ein Squashball umher. Stavros grüßt und lächelt immer, auch wenn er jemanden nicht kennt.

Kaum hatte er mich entdeckt, wiederholte er mit noch lauter donnernder Stimme sein »Guten Abend!«. Diesmal noch vertrauter und warmherziger. Sein Lächeln durchdrang mich wie ein Röntgenstrahl. Selbst sein Schnauzer lächelte, und meiner auch, obwohl ich gar keinen hatte.

Dann betrat er den Court. Meine Freundin und ich sahen uns an und empfanden dasselbe.

Sogleich fiel mir ein anderer außergewöhnlicher Typ ein, den ich vor einiger Zeit gesehen hatte. Es war tiefster Winter, kurz vor Tagesanbruch, und ich war beim Joggen. Ein ganz lieber Papa begleitete seine kleine Tochter bis zum Schulbus. Kaum hatte sich die elektrische Hightech-Tür des großen Busses geöffnet und er hatte die sympathische Begleiterin gesehen, sagte er stilvoll und nachdrücklich, wie es seine Art war: »Schönen guten Morgen!« Zärtlich küsste er sein Töchterchen und sah ihr liebevoll zu, während der große Bus wegfuhr. Ich hatte mir notiert, darüber einen kurzen Text zu schreiben, tat es aber nie.

Gestern fand er dank der Begegnung mit Stavros sozusagen sein Gegenstück.

Manche Menschen quellen einfach über vor lauter Freundlichkeit und Lebenskraft.

Sie haben weder einen Glücksstern, noch läuft bei ihnen immer alles gut. Doch es ist, als wären ihr Lächeln und ihre Energie Scheinwerfer, die alles erleuchten und die Dunkelheit vertreiben. Sie verweisen auf das Leben und bringen Farbe in Schwarzweißfotos.

Wir alle, die wir unter diesen Menschen leben, sind gesegnet, weil ihr Licht auch auf uns strahlt und uns wärmt. Allein ihr Anblick genügt, und unser Tag ist gerettet. Als würde man zur Tankstelle fahren und könnte kostenlos tanken. Bis der Tank überläuft.

Vor einigen Jahren war ich mit meinem Freund Akis unterwegs, der nicht so viel Geld übrig hat. Eine junge taubstumme Frau kam vorbei, die ein paar wunderschöne Spielsachen verkaufte. Die kosteten fünf Euro. Akis gab ihr einen Zehn-Euro-Schein. Die junge Frau gab ihm fünf Euro heraus. Ganz selbstverständlich überließ er ihr dieses Geld ebenfalls. Das beeindruckte mich.

Genau das
tun diese Menschen:
Sie geben aus vollem Herzen.
Und verlangen nichts zurück.

Friedhofsspaziergang

_____ **SCHON SEIT TAGEN** wollte ich dort vorbeigehen, verschob es aber immer wieder. Wenn ich ans Grab meines
Vaters gehen will, mache ich einen Schritt vor und einen zurück.

Schließlich ging ich hin. Ich setzte mich auf den Grabstein und
sah meinem Vater in die Augen. Als würden wir uns unterhalten.
Auf dem Grab habe ich auch ein Exemplar meines Buchs _Cap-
tain_ mit einer kurzen Widmung hinterlassen. Es ist ein schönes,
schlichtes Grab, so wie das Leben meines Vaters war.

Doch als ich mich diesmal auf den Heimweg machen wollte,
kam ich nicht vom Fleck. Als hätte jemand eine Route für mich

geplant. Als hätte jemand an meinem GPS »herumgebastelt«. Als hätte er eine Strecke vorgezeichnet.

Der Weg führte mich zu den anderen Gräbern. Ich ging weiter und sah mich um. Unterschiedliche Grabsteine, unterschiedliche Stile, die einen altmodisch, die anderen modern. Manche Menschen waren früh gegangen, andere zu einem späteren Zeitpunkt. Auf manchen war ein Foto angebracht, auf anderen keines. Auf manchen Grabsteinen waren sogar Texte, schöne Sprüche, schöne Worte eingraviert. Auf einigen Gräbern standen Blumen, auf anderen nicht. Oft waren Pflanzen daraufgesetzt, manche waren mehr, andere weniger gepflegt. Auf einem Grab stand sogar ein bemalter Grabstein mit einem schönen Sinnspruch darauf.

Ich ging weiter und sah meine Mitmenschen. Mitmenschen, die vor Kurzem verstorben waren. Als würde eine Party stattfinden und ich würde zwischen ihnen umherlaufen. Als würden wir unseren Drink trinken und uns dabei unterhalten. Ich ging weiter und lächelte ihnen zu. Sie lächelten zurück und erzählten mir ihre Geschichte, was sie geleistet hatten und was es Neues bei ihnen gab.

Der Spaziergang dauerte eine ganze Weile. Trotz der Hitze wehte oben auf dem Berg ein schönes Lüftchen.

Am Ende meines Spaziergangs … wie soll ich sagen … war ich nicht mehr ich. Es war, als wäre ich jemand anderer. Erleichtert, ruhig, still, gelassen, erfüllt, vollständig. Ich hatte etwas sehr Schönes erlebt: Bekanntschaften, Lächeln, Liebe. Bei manchen Gräbern hatte ich das Grablämpchen aufgerichtet, bei anderen die Blumen. Ich hatte sie gepflegt, auch wenn es mir nicht bewusst gewesen war. Sie alle waren mein Vater.

Etwas später verließ ich den Friedhof. Mein restlicher Tag war fantastisch. Einzigartig. Warum?

Ganz einfach: Ich hatte den bedeutendsten Teil des Lebens (meines Lebens) ins Zentrum gerückt: den Tod. Als hätte ich an jenem Tag ein Stück von mir akzeptiert, das ich bis dahin nicht haben wollte. Der Tod ist nämlich ein Teil des Lebens. Der wichtigste Teil. Das einzig Gewisse ist, dass wir eines Tages sterben werden. Wir »schlafen ein«, wie es unsere Religion so weise nennt.

Oft verbannen wir den Tod, ja, wir wollen nicht einmal an ihn denken. Wie etwas, das wir nicht in unser Leben einlassen. Als wäre es Abfall im hintersten Teil des Hofs. Wir haben ihn am entlegensten Ort versteckt, damit wir nicht schmutzig werden, ja, damit wir ihn gar nicht erst sehen. Und doch liegt der Abfall mitten im Garten und ist ein Teil von ihm.

Wie anders wären die Dinge, wenn wir ab und zu einen Spaziergang auf dem Friedhof machen würden, um uns all das in Erinnerung zu rufen. Um uns in Erinnerung zu rufen, wie nichtig und vergänglich alles um uns herum ist. Um uns daran zu erinnern, wie kurz das Leben ist. So kurz, dass Missverständnisse, Boshaftigkeiten, Intoleranz, Widrigkeiten, Geschwätz darin keinen Platz haben.

Wir würden tiefere Liebe empfinden, häufiger verzeihen, freundlicher lächeln und wären freigebiger mit Umarmungen. Wir würden intensiver leben. Die Welt wäre schöner.

Wir kommen allein in dieses Leben
und verlassen es allein.

Ohne unser Hab und Gut, ohne unsere Luxusgüter, ohne unser
Geld.
Selbst ohne unsere Kinder.
Der Müllmann wird neben dem Millionär begraben werden.
Nur eines werden wir mitnehmen:
die Liebe, die wir bekommen haben, und die Liebe, die wir ge-
geben haben.
Die Liebe ist nämlich in uns.
Die Liebe kann uns niemand wegnehmen.

Nicht einmal der Tod.

Reiche Donnerstage

_____ **ICH BIN MITGLIED DER GRUPPE** »Pemptes Ploutou« (»Reiche Donnerstage«). Ihr Konzept ist es, jeden Donnerstag einem unserer Mitmenschen etwas zu spendieren. Vielleicht einen Kaffee, vielleicht die Autobahngebühr, vielleicht etwas vom Wochenmarkt. Die Freude, die man dabei empfindet, ist von unschätzbarem Wert, und nur wenn man es macht, kann man es verstehen. Die größte Überraschung erlebt der Vermittler, dem man das Geld überlässt und der die Aufgabe übernimmt, einem Mitmenschen etwas zu spendieren. Wenn er dich fragt, warum du es tust, antwortest du einfach: »Weil reicher Donnerstag ist!« Ich bin nun schon seit einiger Zeit Mitglied dieser Gruppe, aber eine gute Tat habe ich bisher noch nicht vollbracht.

Vorgestern (Donnerstag) war ich im Supermarkt. Vor mir an der Kasse stand eine Frau, die ihre Einkäufe in der Hand (nicht in einem Korb) hatte. Direkt nach ihr kam nicht ich, weil der Korb einer anderen Frau dazwischen stand, die noch schnell ein, zwei Sachen holen wollte. Irgendwann kam diese Dame – wohlfrisiert und piekfein gekleidet, eine von der sogenannten High Society. Eine von denen, die man schnell mal als Snob bezeichnet. Ich sagte nichts, bildete mir aber ein Urteil über sie. Irgendwann sah ich, wie die Frau weiter vorn der Kassiererin ein paar Artikel aus der Hand nahm. Zuerst verstand ich nicht, aber dann dämmerte es mir: Ihre Einkäufe kosteten mehr als die zehn Euro, die sie dabeihatte. Sehr höflich und liebenswürdig erklärte sie der Kassiererin, dass sie nicht mehr als zehn Euro bezahlen könne (sie hatte nicht mehr als zehn Euro). Als sie gerade die Sachen in ihre Einkaufstasche packen wollte (es waren nur noch die übrig, die sie mit ihren zehn Euro nicht mehr bezahlen konnte), reagierte die »versnobte« Dame sofort: Sie bat die Kassiererin, auch die restlichen Artikel einzutippen, und sagte, sie werde sie bezahlen. Die Kassiererin war zuerst völlig perplex. Die erste Frau lehnte voller Selbstachtung höflich, aber bestimmt ab. Noch entschiedener war jedoch die feine Dame. Sie berührte die Frau sofort und umarmte sie dann flüchtig. Das Gefühl war sehr stark. Diese hatte Tränen in den Augen und konnte nicht anders, als es anzunehmen. Irgendwann traten uns allen vieren die Tränen in die Augen.

Als ich wieder zu mir gekommen war und die Frau schon weg war, beglückwünschte ich die Dame:

»Sie haben etwas Außergewöhnliches getan. Sie haben uns allen eine große Lebenslektion erteilt.«
Darauf antwortete sie bescheiden:

»Wenn wir es können, mein Junge,
warum sollten wir es dann
nicht tun?«

Der Sinn des ganzen Lebens in ein, kaum zwei Minuten.

Reiche Donnerstage.

Die beneidenswerte Familie

_____ ZUERST SAH ICH DIE MUTTER: eine bild-hübsche Deutsche mit üppigem kastanienbraunem Haar. Neben ihr saß ihr kleiner, ungefähr vierjähriger Sohn. Erst viel später entdeckte ich den Vater. Er war nicht bei ihnen, weil er nicht vorn in der Warteschlange gestanden hatte. Ich hatte nicht kapiert, dass sie zusammengehörten. Er hatte »seine« Söhne bei sich. Der große war um die zehn, der mittlere um die sechs Jahre alt. Auch der Vater sah sehr gut aus. Alle fünf waren schön gekleidet.

Jeder der beiden kümmerte sich also um »seine« Kinder, auf eine besondere, einzigartige Weise. Mit allen Sinnen, aber noch viel mehr mit ganzer Seele. Sanft ruhte ihr Blick auf den Kindern. Unaufdringlich und echt gemeint. Nicht verpflichtend. Auf Augenhöhe. Einer von den Blicken, mit dem zwei Parteien einen Vertrag unterzeichnen.

Noch außergewöhnlicher war die Art und Weise, mit der sich die Eltern, die »Primi inter pares«, ansahen. Liebevoll und fürsorglich. Vor allem aber verliebt. Er sah ihr in die Augen, als hätten sie sich zu ihrem zweiten Rendezvous verabredet. Und sie auch.

Ich betrachtete sie. Zum einen mit Bewunderung, aber auch, um irgendeinen Makel zu finden. »Das gibt's doch nicht …«, sagte der Arsch in mir. Irgendwo werde ich sie erwischen. Irgendwas werde ich schon finden.

Der Flug dauerte zwölf Stunden. Ich fand keinen Makel.

Immer wieder warfen sie sich Blicke zu. Blicke voller Gefühl, aber auch voller Worte, in ihrer Gestensprache.

»Meinem geht's gut. Und deinen?«

»Bestens. Ruh dich aus, Mädchen.«

»Ich liebe dich.«

»Ich dich auch.«

Alles mit Gesten.

Irgendwann klebte der Vierjährige förmlich an dem kleinen Monitor vor sich, dem mit hundert Spielen und zweihundert Filmen. Es gab keine Bemerkung. Die Mutter sah ihn weiterhin zärtlich an und nickte sogar dem Vater zu. Irgendwann nahm der Kleine die beiden wahr. Alle drei lächelten. Der Kleine kapierte und riss sich vom Monitor los.

Später ging die Mutter nach vorn, um zu sehen, was die »Großen« machten. Sie setzte sich auf den Schoß ihres Mannes, umarmte ihn, schlang beide Arme um ihn und verschränkte die Finger ineinander. Genau richtig, nicht zu fest und nicht zu locker. Sie sah ihm in die Augen, als würde sie nur für ihn leben.

»Ich bin sehr stolz auf dich. Du machst mich glücklich.«

»Du mich auch, mein Schatz.«

Alles mit Gesten.

Irgendwann setzte sie sich wieder auf ihren Platz. Ich hielt es nicht mehr aus:

»Sie haben eine tolle Familie«, sagte ich auf Englisch. Sie bedankte sich. Wir sprachen nicht weiter.

Bei der Passkontrolle sah ich die beiden noch einmal flüchtig. Sie lächelten sich wieder an.

»Bleibt, wie ihr seid! Junge, Junge, ihr seid echt zu beneiden.«

Alles nur mit Gesten.

Der Frauenversteher

_____ **WIR SEHEN SIE NUR EINMAL** im Jahr, doch wir mögen sie sehr. Tina und Vassilios sind Nichte und Neffe meiner Mutter und liebe Verwandte von uns. Sie leben auf Chios und sind die Kinder meines Großonkels Kostas, eines einzigartigen Menschen, der die Welt besser hinterlassen hat, als er sie antraf. Eine Kombination aus echtem Gefühl, Patriotismus, reiner Liebe und Gerechtigkeitssinn.

Gestern trafen wir uns zum Frühstück mit den beiden, und ich schenkte ihnen mein Buch _Captain_, versehen mit einer schönen Widmung. Tina war gerührt (und wenn sie es erst einmal aufmacht …).

Wenn die Liebe deines Lebens stirbt, willst du alles zudeckeln, überall Ordnung schaffen, um den Schmerz nicht zu fühlen. So wie ein übervoller Kofferraum vor den Ferien. Du belädst ihn ganz präzise, damit das Gepäck nicht umfällt. Wenn jemand anderer ihn öffnet, bist du verratzt. So ist es auch mit deiner Trauer. Das Gepäck eines ganzen Lebens. Du schließt es gut weg, damit es nicht wieder wehtut. Ein Freund hatte vor Jahren seine Schwester verloren. Seine unheimliche Gelassenheit hatte mich schwer beeindruckt. Als ich ihn fragte, wo um alles in der Welt er den ganzen Mut, die ganze Gelassenheit hernahm, war seine entwaffnende Antwort: »Ich habe alles gut einzementiert.«

Tina also brachte bei mir die Ordnung wieder durcheinander.

»Dein Vater war ein Frauenversteher, Stefanos. So wie meiner.«

»Sag mal, Tina, was heißt denn hier ›Frauenversteher‹?« (Meine Gedanken gingen in eine andere Richtung.)

»Er wollte, dass es seiner Frau gut geht. Er kümmerte sich um sie.«

Tina hatte Recht. Mein Vater war wirklich ein Frauenversteher. Er liebte Mama und achtete auf sie. Er umsorgte sie. Er tat ihr jeden Gefallen, aber er konnte auch mal Nein sagen. Er entschuldigte nichts für sie. Er achtete sie und kümmerte sich um sie. Er behandelte sie wie eine Königin.

```
    Es ist wunderbar, einen
  geliebten Menschen zu umsorgen.
```

Liebe ihn, aber zeig es ihm auch. Wenn du es ihm nicht zeigst, ist es bedeutungslos. Bedeutend ist, was du tust. Aber auch, was du sagst. Zeig es und sag es auch.

Typischer Dialog eines Pärchens:

»Liebst du mich?« (Es fängt immer die Frau an.)

»Das weißt du doch!« (Nein, du Idiot, sie weiß es nicht.)

»Ich will, dass du es mir zeigst. Und es sagst. Ich will es spüren. Ich will es erleben.« (Mädel, du hast ja so Recht!)

Gestern habe ich etwas Tolles gelesen:

Es ist erwiesen, dass herzkranke Menschen, die verheiratet sind, deutlich länger leben, wenn sie spüren, dass sie von ihrem Partner geliebt werden.

Und deshalb sag es ihr. Damit sie es spürt. Aber spür du es zuerst.

Sei ein Frauenversteher.

Der Kommandeur

_____ **SO NANNTE MEIN VATER SIE**. Ich glaube, alle Seeleute nennen sie so. Der Kommandeur ist der Seemann, der einen beim Parken im Schiffsbauch der Fähre einweist, wenn man auf die Inseln fährt. Bei dem man, wenn er »links« sagt, gewöhnlich nach rechts fährt, weil man andersrum denkt. Dann sagt er: »Jetzt noch mal von vorn. Sehen Sie zu mir …« und dann geht er mit einem Schrittchen für Schrittchen. Das ist also der Kommandeur.

Es ist August, und am Mavra-Volia-Strand gibt es viele Leute. An diesem Strand sind im August immer viele Leute. Und Autos. Er ist einer der beliebtesten Strände der Insel Chios. Ich parkte mein Auto weiter weg und ging zu Fuß hoch. Schon von Weitem sah ich ihn. Einen relativ unerfahrenen Autofahrer, der Wendemanöver machte. An der engsten Stelle, dort, wo zwischen den geparkten Autos nur ganz wenig Platz war. Der Strand war sowieso schon schmal. Und er fuhr auch noch so ungeschickt.

Beim Weitergehen sah ich auch den anderen mit seiner Frau. Sie mussten um die sechzig sein, sahen aber wie siebzig aus. Einheimische. Mit ihren Strandutensilien beladen, blieben sie vor dem Auto des »Anfängers« stehen. Der Mann half ihm beim Manövrieren: »… nein. Nicht stehen bleiben. Sie haben noch zwei Handspannen Platz.« Der Anfänger überaus höflich: »… schon gut …« Eben ein richtig netter Kerl. Der Siebzigjährige wiederholte im chiotischen Dialekt: »Mann, Sie haben noch viel Platz! Mindestens zwei Handspannen!« Nach mehreren Anläufen hatte der »Anfänger« es schließlich geschafft. Es hatte sicher eine ganze Weile gedauert.

»Vielen Dank, guter Mann!«

»Die Muttergottes sei mit dir.«

Solche Dinge rühren mich immer unvorstellbar. Vor allem, wenn sie spontan geschehen. Wenn der, der hilft, es tut, weil sein Herz, und nichts anderes, es ihm befiehlt. In einem Seminar hatte Antonis Kalogirou gesagt, dass sich die Qualität der Liebe umgekehrt proportional zu den Umständen verhält, die wir erschaffen.

Die reinste,
die unverfälschteste Liebe
ist die, bei der du
keine Gegenleistung erwartest.

24 Karat und noch viel mehr.

Ich habe einmal eine ganz außergewöhnliche Geschichte von Jorge Bucay gelesen. Ein Mann im mittleren Alter versucht, von Weitem die Schule zu sehen, in die er als Kind ging. Da erscheint ein weiser Mann und gibt ihm ein Fernglas. Irgendwann sieht der andere auf dem Schulgebäude ein kleines silbernes Licht.

»Alter Mann, was ist das?«

»Weißt du noch, als dein Freund dich damals um Hilfe gebeten hat? Und du ihm mit ganzem Herzen geholfen hast?«

»Ja, ich erinnere mich.«

»Daraus wurde ein Licht, das immer noch leuchtet. Für immer.«

Irgendwann entdeckt der Mann noch ein Licht.

»Und das da?«

»Das ist ein Tag, an dem du deine Mutter umarmt hast, als sie traurig war, und ihr etwas Nettes gesagt hast.«

»Und das andere?«

Allmählich entdeckt er immer mehr kleine Lichter. Und noch mehr … Die ganze Szenerie ist voll magischer silberner Lichtlein. So ist letztendlich das Leben: kleine silberne Lichter, die übrig geblieben sind von Dingen, die wir getan, gegeben und mit anderen geteilt haben. Die Spuren der Liebe. Damals, als unser Leben dem eines anderen begegnete. Und beide ihre Spuren hinterließen und sich vereinten.

Wie durch Magie.

Fußball mit Biss

____ ÜBER ELIAS HABE ICH SCHON EINMAL geschrieben. Auch wenn man es nicht will, es geht nicht anders. Erst recht nicht, wenn man will. Ein toller Typ, ein Arbeitstier. Ein Mensch mit einer Vision. Er nimmt kein Blatt vor den Mund. Er hat eine Fußballschule für Kinder. Seine Mannschaft heißt »Nikites« – »Sieger«. Wie der Name schon sagt.

Vorgestern kam er zu mir nach Hause, weil wir über die »Sieger« sprechen wollten. Und um mit ihnen zu sprechen. Damit sie noch siegreicher werden.

Fußball ist für Elias wie ein Werkzeug. Mithilfe des Balls bringt er den Kindern bei, etwas zu versuchen, sich etwas zu trauen, für ihren Traum zu arbeiten, zu kooperieren, sich zu respektieren, zu scheitern, aber auch Erfolg zu haben. Diese beiden Dinge gehen Hand in Hand. Wenn man nicht scheitert, kann man auch keinen Erfolg haben.

Irgendwann unterhielt sich Elias mit ein paar Rivalen. Kräftige Jungs. Entschlossen. Sie spielten, um zu gewinnen.

»Die beißen sich förmlich am Ball fest«, sagte er irgendwann zu mir.

Ich brauchte ein paar Sekunden, um es zu begreifen.

»*Was* machen sie mit dem Ball?«

»Sie beißen sich fest, Stefanos. Sie haben Biss.«

Jetzt hatte ich es geschnallt. Meine Kindheit kam mir in den Sinn. Ich war die größte Null unter allen Nullen. Ich brachte nichts auf die Reihe. So war es. Aber ich glaubte es auch. Und wenn man etwas glaubt, dann ist es auch so. Ich traute mich nicht, mich in der Schule zu melden, meine Meinung zu sagen, mich in Gruppen zu öffnen, ich selbst zu sein. Ich behielt es für mich. Ich wurde verdroschen. Ich staute meine Unfähigkeit in mir an. Und meinen Schmerz. Auch diese Dinge gehen Hand in Hand. Aber ihnen habe ich viel zu verdanken. Sie brachten mich dazu, an mir zu arbeiten. Um ihn wieder loszuwerden. Den Mund aufzumachen. Jemand zu werden. Endlich danach zu suchen, wer ich sein wollte. Das lernte ich auch irgendwann. Das Leben gibt nicht denen, die etwas brauchen, sondern denen, die etwas fordern, die sich trauen. Denen, die etwas riskieren. Es ist wunderbar, etwas zu riskieren. Nichts zu riskieren ist das größte Risiko. Ein sicherer Tod. Auch das lernte ich erst spät. Ich las etwas über die Autorin von *Harry Potter*. Um einen Verlag für ihr Manuskript zu finden, klopfte sie an fünfzehn Türen. Vierzehn davon öffneten sich nie. Geschieht ihnen recht! *Harry Potter* wurde inzwischen mehr als eine halbe Milliarde Mal verkauft.

Neunzig Prozent der Menschen, die nicht das haben, was sie wollen, stehen an dieser Stelle nicht, weil sie unfähig sind, sondern weil sie keinen Biss haben. Weil sie irgendwann aufgegeben haben. Mutlos wurden. Angst hatten, kritisiert zu werden und zu scheitern. Und erst recht Angst davor, Erfolg zu haben. Jahrelang bin ich mit dem Ball nur sanft umgegangen. Und er hat mir keinen Gefallen getan. Jetzt schon. Nicht immer, aber er tut es.

```
Ich  habe  gelernt,  dass  das  Leben
     mir  nichts  schuldig  ist.
   Ich  bin  mir  etwas  schuldig.
```

Auch ich habe gelernt, mich (am Ball) festzubeißen.

Wie einer von den »Nikites«.

Die Käsetasche

___ **DIESE KÄSETASCHE SCHMECKT** mir am allerbesten. Als Kind kaufte ich sie mit meinen Kumpels beim Großvater, dem Gründer des Ladens. Unsere Fahrräder stellten wir einfach draußen vor der Backstube ab, und er sah uns durchs Fenster immer schief an. Doch wenn wir hineingingen, hatte er immer einen Scherz für uns parat und lachte dabei übers ganze Gesicht. Sein Enkel ist genauso. Er besitzt das Charisma seines Großvaters und obendrein das Rezept für diese traumhaften Tiropites. Jeden Freitagmorgen gehe ich dort vorbei und hole Käsetaschen für meine Töchter. Ich packe immer noch zwei für mich drauf, die nie zu Hause ankommen.

Heute war ich wieder dort und wurde wie immer vom gesamten Personal mit einem überschwänglichen Lächeln empfangen. Es sind fröhliche Typen. Am fröhlichsten ist aber der Typ hinten im Laden. Von mittelgroßer Statur, mit Glatze, eine Andeutung von Kinnbart. Er erkundigt sich immer nach meinen Töchtern. Heute packte er die Käsetaschen in zwei Papiertüten ein. Drei in die eine, zwei in die andere. Er schenkte mir sogar eine kleine Flasche eisgekühltes Wasser und reichte mir die warmen Tüten und haufenweise Papierservietten.

Wenn man sich in diesem Laden über etwas beschwert, dann nur über die Großzügigkeit.

»So viele Papierservietten brauche ich nicht«, sagte ich klar und deutlich.

Er kam auf mich zu und sagte gelassen, aber weise: »Behalte sie. Vielleicht brauchst du sie noch. Es sind schließlich Kinder.« Er sah mir tief in die Augen und berührte mich unerwartet an der Schulter, so wie man seinen engsten Freund berühren würde. Zärtlich und menschlich. Ich bekam sofort sein ganzes Interesse und seine Fürsorglichkeit zu spüren.

Dazu war er weder verpflichtet, noch war es unbedingt erforderlich. Doch seine Berührung ließ mein ganzes Sein vor Respekt und Liebe für diesen lieben Menschen erschaudern, dessen Vornamen ich nicht einmal kenne. Es war, als hätte er meinen Körper und meine Seele erwärmt. Er gab mir eine gehörige Dosis Stärke und Liebe, um damit durch den ganzen Tag zu kommen. All diese Dinge machten etwas aus: Liebe, Gemeinsamkeit, Fürsorglichkeit, das Miteinander, ein Lächeln, ein Danke, ein Bitte, eine Berührung. Dinge, denen man nicht so oft wie gewünscht begegnet. Und doch bewirken diese Dinge, dass wir uns wie Menschen fühlen. Sie lassen uns vollständig werden. So hat unser Leben einen Wert, und es hat einen Wert, dass uns jemand auf diese Welt geschickt hat.

Ein bedeutender Lehrer hatte uns irgendwann vom Prinzip der Synthese erzählt.

Wir sind alle eins.
Der Fremde, der an dir
vorbeigeht,
die Katze an der Ecke,
das kleine Insekt,
das versucht, wieder auf
die Beine zu kommen.

Seit ich das kapiert habe, hat sich mein Leben verändert. Es ist, als würde ich jeden Tag die übrigen Teile von mir suchen. Und je mehr ich danach suche, desto mehr finde ich. Und je mehr ich finde, desto mehr genieße ich es. Und je mehr ich es genieße, desto vollständiger werde ich.

So soll mein Leben von nun an sein.

Aus einem Stück. Nicht aus vielen.

Hast du's noch geschafft?

____ IHR ANRUF ÜBERRASCHTE MICH.

»Alles in Ordnung?«

Schweigen.

»Alles in Ordnung?«

»Hast du das mit Jannis gehört?«

»Nein …«

»Er ist tot.«

Lange Pause.

Der genaue Hergang ist unerheblich. Jannis starb ganz plötzlich, mit ungefähr fünfundvierzig. Er war das beste Beispiel für einen glücklichen Menschen: Er lächelte immer, lebte gesund und machte Sport. Ein Mensch, an dem du deine Freude hattest, und er an dir. An dir und am Leben.

Ich erstarrte.

Die Vorstellung, dass jemand gestern noch da war und jetzt nicht mehr, lässt dich erstarren. Sie macht dich wütend. Dies ist eins der Dinge, die man weder mit dem Verstand noch mit der Seele begreifen kann.

Irgendwann, wenn man am wenigsten damit rechnet, geht auf der anderen Seite eine Tür auf. Eigentlich ist es keine Tür – es ist ein Strudel, dem sich noch nie jemand widersetzen konnte. Jemand auf der anderen Seite greift nach dir. Und niemand weiß, wann dieser Moment kommen wird. *Niemand.* Ganz egal, ob du jung oder alt, reich oder arm bist.

Dieser Zughalt wird nicht speziell angekündigt. Es ist nicht wie bei der U-Bahn, bei der angesagt wird, dass der nächste Halt »Syntagma« ist. Hier steigst du aus, bevor du überhaupt angekommen bist. Und du hast keine Gelegenheit mehr, dich von irgendjemandem zu verabschieden – nicht mal von deinen Kindern. Keine Gelegenheit mehr, deinen Handyvertrag zu kündigen, deine Steuern zu bezahlen (oder auch nicht) oder offene Rechnungen zu begleichen. Du lässt alles stehen und liegen. Mitten im Weg. Im wahrsten Sinne des Wortes. Keine Zeit, deine Kleider aufzuräumen, deine Wohnung zu putzen oder dich von Freunden, Bekannten und Kollegen zu verabschieden. Dieser Strudel saugt dich brutal an. Er erinnert mich an eine steile Wasserrutsche in einem Aquapark, wo ich letzten Sommer mit meinen Töchtern war. Man wird in eine Kabine gesteckt, und plötzlich – man weiß nicht, wann – drückt jemand auf einen Knopf, der Boden sackt unter einem weg, und man verschwindet.

So ist der Tod. Überfallartig vom Erdboden verschwinden. Es ist ein riesiger Strudel, ein großes Vakuum, ein unendlicher Abgrund, dessen Boden du nicht sehen kannst. Erst wenn du selber hinunterkommst, wirst du dich erinnern, was existiert, und es dann wieder vergessen.

Häufig leben wir so, als gäbe es kein Morgen. Als blieben uns tausend Jahre zum Leben. Wir haben aber nur tausend Monate. Darauf läuft es ungefähr hinaus. Und wir vergeuden unser Leben – das größte Geschenk, das Gott uns gegeben hat. Wenn auch du von diesem Strudel angesogen wirst, wirst du als Allerletztes die Fernsehsendung bedauern, die du verpasst hast; die Social Media, bei denen du dir den Hintern platt gesessen hast; die Menschen, über die du getratscht hast, und die Gemeinheiten, die du von dir gegeben hast. Du wirst lediglich die Dinge bedauern, die du nicht erschaffen hast, und die Liebe, die du nicht gegeben hast.

Es stellt sich nur eine einzige Frage.

Hast du's noch geschafft?

Hast du's noch geschafft, deiner Familie zu sagen, wie sehr du sie liebst?

Hast du's noch geschafft, dich bei denen zu entschuldigen, denen du wehgetan hast?

Hast du's noch geschafft, denen zu vergeben, die dir wehgetan haben?

Hast du's noch geschafft, das zu erschaffen, was du schon immer erschaffen wolltest?

Hast du's noch geschafft, den Sonnenuntergang zu betrachten, den du schon immer betrachten wolltest?

Hast du's noch geschafft, das Buch zu lesen, das du so toll fandest?

Hast du's noch geschafft, die Menschen zu umarmen, die du umarmen wolltest?

Hast du's noch geschafft, an die Orte zu reisen, die du so gern sehen wolltest?

Hast du's noch geschafft, deinen Kindern zu sagen, dass du sie bedingungslos liebst?

Hast du's noch geschafft, dir genau das selbst zu sagen?

```
Hast du's noch geschafft,
    das Leben zu leben,
  das du haben wolltest?
```

Hast du's noch geschafft, der zu werden, der du werden wolltest?

Ganz allgemein: Hast du's noch geschafft?

Vielleicht bist du morgen nicht mehr hier.

Hauptsache, gesund bleiben

_____ICH FAND SIE SOWIESO SYMPATHISCH, da ergab es sich zufällig, dass ich sie draußen ein, zwei Mal traf, und dann bestätigte es sich. Immer hilfsbereit, immer zuvorkommend, immer lächelnd. Solche Menschen bewundere ich. Nicht, dass sie keine Probleme hätten, aber sie haben einen Grund gefunden, um zu lächeln.

Wir wechseln immer zwei, drei nette Worte an ihrer Kasse, wenn ich bezahle. Nach dem »Frohe Ostern« und den üblichen Floskeln schloss sie mit einem »Hauptsache, gesund bleiben«. Ein

Allgemeinplatz, zusammen mit einem vagen Blick gen Himmel. Ich lächelte ihr zu und ging. Zuerst kapierte ich nicht. Aber dann empfand ich die Bedeutungsschwere ihrer Worte: »Hauptsache, gesund bleiben.«

Als wäre die Gesundheit ein Opfer der Umstände. Als ob da draußen jemand wäre, der sie einem schickt oder stiehlt. Meine Gesundheit ist meine Sache, ich bin es, der sie herstellt oder ruiniert. Dadurch, wie ich lebe, ob ich Sport mache, wie ich mich ernähre, wie ich denke, wie ich liebe. Gesundheit wollen wir alle haben, wir klopfen auf Holz, doch nur wenige tun etwas dafür. Neulich wurde mir die Gnade zuteil, mit dem Auto wenige Sekunden lang hinter einem Radfahrer mit nur einem Bein herzufahren. Er fuhr mit seinem Rennrad so schnell, dass ich immer wieder auf den Tacho schaute, um mich zu vergewissern, dass ich richtig sah. Irgendwann überholte ich ihn. Ein gut aussehender, fröhlicher, kräftiger junger Mann, der vor Gesundheit strotzte. Ja, er strotzte vor Gesundheit. Gesundheit ist etwas sehr Wertvolles, genau genommen ein Gefühl. Entweder fühlt man sich gesund oder nicht. Die meisten Menschen verwechseln Gesundheit mit körperlicher Unversehrtheit. Man kann körperlich unversehrt und doch nicht gesund sein oder gesund, aber nicht körperlich unversehrt. Wenn man mich auffordern würde, mich für eines von beiden zu entscheiden, würde ich mit verbundenen Augen in jedem Fall Gesundheit wählen. Nicht körperliche Unversehrtheit. Außerdem: Wenn man sich gesund fühlt, wird man auch gesund.

Irgendwo habe ich einen guten Spruch gelesen:

Gesundheit ist die unsichtbare
Krone auf unserem Kopf,
die nur jener erkennen kann,
der sie nicht hat.

Wünsche dir also keine Gesundheit, sondern lebe sie, spüre sie,
würdige sie, genieße sie und tu intensiv etwas dafür.

**Und dann passiert die Hauptsache:
Du bleibst gesund.**

Die Ikone

_____ **ZU GOTT UND DER KIRCHE** habe ich ein besonderes Verhältnis. Man würde mich nicht als eifrigen Kirchgänger bezeichnen, aber ich bin gläubig, wie es mir meine eigene Stimme im tiefsten Inneren sagt. Jeden Freitag vor der Schule gehe ich mit meinen Töchtern in die Kirche. Wir küssen die Ikonen, zünden Kerzen an, schreiben kleine Zettel mit den Namen der Menschen, die uns lieb sind und für die wir »um Gesundheit und Seelenfrieden« bitten, und für alle Tiere, die nicht mehr bei uns sind. Wir setzen uns und beten. Oft beobachte ich die Mädchen heimlich dabei. Sie kneifen die Augen immer fest zu, wenn sie mit dem Höchsten kommunizieren.

Samstags gehe ich gewöhnlich auf den Wochenmarkt, und gestern ging ich ausnahmsweise an der Kirche des Stadtviertels vorbei, um eine Kerze anzuzünden und mein Gebet zu sprechen. Ich hatte nämlich erfahren, dass unser geliebter Pope Papa-Michalis, der früher bei uns zu Hause den Segen mit Weiheöl gemacht hatte, hochbetagt eingeschlafen war. Ich betete für seine Seele.

In der Nähe des Allerheiligsten befindet sich eine große Ikone der Muttergottes mit dem Jesuskind, die mir aus irgendeinem Grund entgangen war. Davor stand eine Frau unbestimmbaren Alters mit kurzem weißem Haar. Zuerst dachte ich, sie würde beten. Dann wurde mir klar, dass sie mit der Ikone redete. Von meinem Sitzplatz aus konnte ich nur ihren Rücken und ihren Hinterkopf erkennen, während sie zum Gesicht der Muttergottes hochsah. Immer wieder berührte sie sie sanft und zärtlich mit den Händen, als würde sie sie streicheln. So wie man ein Baby in der Wiege streichelt. Ihre Augen konnte ich nicht erkennen, aber es war, als würde ich sehen, wie sie die Muttergottes anblickten. Und es war, als ob jene ihren Blick erwiderte. Irgendwann holte die Frau ein Stück Papier aus Ihrer Tasche und legte es vorsichtig auf die Ikone. So wie man es mit einer Gebetsschnur macht. Das Gespräch ging weiter, die zärtlichen Berührungen ebenfalls. Heilig, aber zugleich auch menschlich. Die beiden waren eins geworden.

Ich war schon aufgestanden, wollte aber noch nicht gehen, sondern betrachtete die Frau. Als es Zeit war zu gehen, zog ich mich zurück und ging dabei rückwärts, um auch noch die letzte Sekunde in mich aufzunehmen. Ich erinnere mich nicht, wann ich zuletzt so sehr von etwas gefesselt war. Vielleicht noch nie.

Das nennt man Glaube.
Er bildet deine Wurzeln.
Je tiefer er geht,
desto besser wird er
deinem Leben Halt geben.

Glaube ist, deinen Traum zu sehen, bevor er geboren wird. Bevor er sich zeigt. Glaube ist, das Unsichtbare sichtbar zu machen. Auch wenn du der Einzige bist, der es sieht. Die anderen werden es auch sehen, sobald die Zeit reif ist. Alle bedeutenden Menschen, die die Welt verändert haben, besaßen Glauben. Auch sie hatten es vor allen anderen gesehen. Und danach sahen es alle. Woran du glaubst, ist deine Sache. Doch der Glaube findet sich überall: der Glaube an deinen Traum, an eine bessere Welt, an deine Kinder, an dich selbst. Glaube mit all deinem Sein, mit all deiner Kraft. Ganz fest, so fest, wie meine Töchter ihre Augen schließen.

Der Glaube versetzt Berge, sagt der Volksmund.

Manchmal tun mir die, die ihn verloren haben, leid.

Manchmal wiederum beneide ich sie.

Wenn du den Glauben verlierst, kannst du ruhig schlafen:

**Denn dann hast du nichts
anderes mehr zu verlieren.**

Die Zwangsabgabe

——**PATRAS, FUSSGÄNGERZONE**, Samstagmittag, Anfang November, sommerliches Wetter. Pulsierendes Leben. Menschen gehen auf und ab, Kinderwagen fahren hin und her, Kinder spielen Fangen, Teenies blödeln herum. Gegenüber berauscht uns ein hervorragender Saxofonist mit seinen Melodien. Neue Zeile

Am Nebentisch sitzt ein Paar mit seinem Kleinkind. Die Mutter hat sich für wenige Minuten entfernt, und der Vater tut sein Möglichstes, um in der Zwischenzeit klarzukommen. Schon bald ist sie zurück und korrigiert ihn liebevoll. Der Vater lächelt. Das Kind freut sich. Und wir auch.

Am anderen Nebentisch vier Freundinnen, die die fünfzig überschritten haben, aber ewig jung geblieben sind. Begleitet von Lachsalven, ziehen sie sich gegenseitig auf und witzeln herum. Ich schätze, dass sie seit der Schulzeit zusammen sind. Freundinnen fürs Leben. Freundschaften, die erst mit dem Ende des Lebens aufhören und wahrscheinlich auch in folgenden Leben fortgesetzt werden. Etwas weiter entfernt unterhält sich eine Mutter mit ihren Twen-Töchtern, als wären sie alle im selben Alter.

Ein Segen. An unserem Tisch sitzen meine Mutter und ich, wir erzählen Geschichten von früher über meinen Vater. Unser Lieblingsthema.

Und dann fällt mir etwas auf: Der Fernseher läuft, leider auf einem großen Monitor. Zum Glück ohne Ton. Abscheuliche Szenen, meisterhaft inszeniert, um Aufmerksamkeit zu erregen. Ein Mord nach dem anderen. Ein Verbrechen nach dem anderen. Irgendwann zwischendurch sogar ein griechisch-albanischer diplomatischer Zwischenfall, sozusagen zur Abwechslung, bevor der nächste Gang kommt. Die Gänge werden so serviert, dass man sich nicht losreißen kann. Es gibt kein Entrinnen. Ich starre kurz hin, vielleicht auch länger. Grauenhafte Szenen. Um den Zuschauer noch mehr in den Bann zu ziehen, ist das Objektiv an der Stelle, auf die er seinen Fokus richten »will«, absichtlich unscharf eingestellt.

Irgendwann beschließe ich, in die andere Richtung zu schauen, und wende mich wieder der Schönheit des Lebens zu. Doch ich bin nicht mehr so fröhlich. Als hätte mir jemand ein bisschen von meiner Freude gestohlen. Mehr als nur ein bisschen. Als wäre eine Zwangsabgabe fällig geworden.

Dann sehe ich meine Tischnachbarn. Auch sie hatten irgendwann den Fehler gemacht, auf den großen Monitor zu schauen.
Ich beobachte sie. Allmählich verändern sich ihre Gesichtszüge, ihr Lächeln erlischt, ihr Blick verengt sich, und vermutlich schrumpft auch ihre Seele zusammen. Als auch sie sich
wieder der Pracht des Lebens zuwenden, sind sie nicht mehr
dieselben. Als hätte ihnen jemand etwas gewaltsam abgenommen: eine Zwangsabgabe.

Ein Mensch sieht im Durchschnitt vier Stunden täglich fern. Das
finde ich tragisch. Viel schlimmer finde ich allerdings, dass er
täglich Nachrichten sieht oder einfach den Fernseher einschal-
tet, um zu sehen, was es gibt, oder um die Zeit »totzuschlagen«.
Ab einem gewissen Punkt schlägt er jedoch sein Leben tot – und
noch dazu freiwillig.

```
Würdest  du  jemals  zum  Finanzamt
    gehen,  um  Abgaben  zu  zahlen,
        die  du  nicht  schuldest?
```

Warum machst du das dann in deinem Leben?

Der Garderobier

____**ICH BIN GANZ VERRÜCKT NACH** Theater, auch wenn ich nicht oft gehe. Ich bat einen Kumpel von mir, der Theaterfan ist, mir ein paar Aufführungen zu empfehlen. Auf seiner Liste stand auch »Der Garderobier«.

Das Theater in der Kefallinia-Straße ist klein, stimmungsvoll und magisch. Die Aufführung dauerte etwas mehr als anderthalb Stunden, ohne Pause. Die Beleuchtung, das Bühnenbild und die Kostüme entführten mich in eine andere Welt. Der unbestrittene Hauptdarsteller ist der Garderobier, eine tragische, einsame, leidgeprüfte Figur. Seine Existenz hängt vollkommen von seinem Chef ab, einem abgehalfterten, alternden Schauspieler, der sich auf seinen Auftritt als König Lear vorbereitet. Der Garderobier ist seinem Chef ergeben, und die Tragödie erreicht ihren Höhepunkt, nachdem dieser nach der Vorstellung gestorben ist. Auch für den Garderobier gibt es jetzt keinen Grund mehr zu leben.

»Der Garderobier« faszinierte mich durch seine erschütternde Interpretation. Als ich heimging, war es, als würde ich ihn mitnehmen. Das Gewicht war unerträglich, aber auch erlösend. Ein massives Gewicht, wie reines Gold. Nach der Aufführung ließ ich mich durch nichts von diesem Gefühl ablenken. Ich hörte kein Radio, schlug kein Buch auf, ja, rief nicht einmal meine Töchter an, um ihnen gute Nacht zu wünschen. Ich wollte mit dem Gefühl allein bleiben. Wollte es genießen, auch wenn es schmerzhaft war. So, wie man seine Lieblingsspeise isst und nachher nichts haben will, was anders schmeckt.

Gefühle sind alles. Doch wir lassen sie oft nicht zu. Wir haben sie und lassen sie verstauben. Dabei hat uns der Schöpfer einen sündhaft teuren Flügel und Tausende von Gefühlen geschenkt. Und wir bespielen bestenfalls fünf Tasten, und die nur einhändig. Alle anderen benutzen wir nicht, sodass sie sich verziehen. Er hat uns Tausende von Aquarellfarben gegeben, mit denen wir unsere Palette bereichern könnten, aber wir lassen sie eintrocknen.

Nichts zu fühlen ist,
als würdest du nicht leben.
Als wärst du tot, und
man hat vergessen,
es dir zu sagen.

Gefühle sind das Einzige, worüber du bestimmst. Sie sitzen an der Wurzel deines Lebensbaums und nähren deine Existenz. Wenn du keinen Schmerz empfinden kannst, kannst du auch keine Freude empfinden. Wenn du keine Wut empfinden kannst, kannst du auch keine Liebe empfinden. Es werden dieselben Saiten in dir angeschlagen.

Lebe das Leben und lass dich von ihm berühren, lass dich von ihm emportragen, lass dich von ihm runterziehen, lass dir von ihm wehtun, lass dich von ihm begeistern, nur lass es nicht an dir vorbeiziehen.

Das Leben ist keine Sperrzone, die du weiträumig umfahren musst. Jemand hat dir die Erlaubnis gegeben, jeden Tag durchs Zentrum zu fahren, auch wenn du in einen Stau gerätst, auch wenn du zu spät kommst, auch wenn es wehtut. Aus diesem Grund bist du hier. Um das Leben zu leben und in ihm aufzugehen. Macht Liebe miteinander, liebt euch, kriegt euch in die Haare und rauft euch wieder zusammen. Dein Lebensweg ist das Gefühl. Er muss bergauf und bergab gehen und darf nicht flach sein. Wenn er keine Höhen und Tiefen hat, bist du schon tot.

Neulich unterhielt ich mich mit einem Freund.

»Hey, wie geht's dir?«

»Wie soll's mir gehen? Gut.«

»Das heißt?«

»Was ›Das heißt‹? Immer dasselbe.«

»Wie waren eure Ferien?«

»Ruhig.«

»Das heißt?«

»So wie immer. Zurück in die Tretmühle.«

Freundchen, du kannst mich mal!

Fünfzig plus

_____ **GESTERN MEINTE EIN FREUND**, ich solle mein Alter nicht verraten. Ich habe es aber immer verraten und werde es auch künftig tun. Erst recht jetzt, je älter ich werde und je besser ich mich fühle – innerlich und äußerlich.

Dieses Jahr war nicht mein bestes, aber mittlerweile weiß ich, dass das Leben weder gut noch schlecht ist. Das Leben ist, wie es ist.

Das Leben ist wie Monopoly. Es kann jederzeit vorkommen, dass du eine »Ereigniskarte« oder eine »Gemeinschaftskarte« mit einer Anweisung ziehst, die dir nicht passt, und du rackerst dich ab und kommst doch nicht nach. Das Leben ist eine Gleichung. Es gibt eine Konstante und eine Variante. Es gibt Dinge, die du nicht beeinflussen kannst, und Dinge, die du beeinflussen kannst. Die Konstante akzeptierst du, wie sie ist. Deine Aufgabe besteht darin, dich einzig und allein um die Variable zu kümmern. Um das, was du beeinflussen kannst.

Das Leben ist ein Training. Der Trainer wirft dir den Ball so lange auf deiner schwachen Seite zu, bis du lernst, auch damit fertigzuwerden. Bis auch deine schwache Seite stark wird.

Je mehr Fortschritte du machst, desto schwieriger wird es. Dieses Leben ist wie eine Schulklasse, und deine Aufgabe besteht darin, in die nächste Klasse versetzt zu werden. Am Anfang sind die Prüfungen noch einfach, aber je weiter du kommst, desto schwieriger werden sie. Vielleicht weißt du ja selbst noch, dass es in der Schule angekündigte Prüfungen, aber auch unangekündigte Tests gab. Im Lauf der Zeit gibt es immer mehr Tests. Mach deshalb immer deine Hausaufgaben, denn du weißt nicht, wann dir der nächste Test blüht.

Deine Aufgabe ist es, nicht zu nörgeln, nicht zu murren und dich auch nicht herauszureden.

Deine Aufgabe ist es zu lernen Bis du die Radieschen von unten siehst, sagte mein Lehrer Antonis immer.

Deine Aufgabe ist es zu beobachten, nicht zu urteilen.

Deine Aufgabe ist es, Sport zu treiben und dich richtig zu ernähren.

Deine Aufgabe ist es, nett mit dir zu reden und für dich zu sorgen. Als wärst du dein bester Freund. Das bist du nämlich auch.

Deine Aufgabe ist es, bei allem, was du tust, alles zu geben.

Deine Aufgabe ist es, die Social Media und die Channels auszuschalten, wenn es Zeit ist.

Deine Aufgabe ist es, dich mit den Menschen um dich herum zu verbinden, als wären sie Familienmitglieder. Das sind sie nämlich.

Deine Aufgabe ist es, so zu leben, als gäbe es kein Morgen.

Deine Aufgabe ist es, so zu lieben, als gäbe es kein Morgen.

Wenn du liebst,
als gäbe es kein Morgen,
dann wird es dir eines
Tages gelingen.

Deine Aufgabe ist es, das Leben zu feiern, als hättest du jeden Tag Geburtstag.

**Und solange die Sonne aufgeht,
wirst du jeden Tag Geburtstag haben.**

So ist es …

——— **FREITAG IST SCHULE-TAG.** So gegen acht hole ich meine Töchter bei ihrer Mutter ab und bringe sie zur Schule. Früher hatte ich auch eine Kappe wie ein Busfahrer auf. Die muss irgendwo bei mir liegen.

Wir brauchen eine Viertelstunde bis zur Schule, und in diese Viertelstunde wollen die Mädchen alles reinpacken. Und selbst wenn wir eine Stunde Zeit hätten, würde sie nicht ausreichen.

Heute kamen wir auf die Liebe zu sprechen. Um ehrlich zu sein, kommen wir praktisch immer auf sie zu sprechen. Sie ist das schönste Gesprächsthema. Der schönste Wert. Der Grund, weshalb wir leben. Ohne Liebe gibt es kein Leben.

Manche Geschichten wollen die Mädchen immer wieder gern hören. Andere haben sie schon Hunderte von Malen erzählt – wäre es eine Schallplatte, dann wäre sie schon abgenudelt. Oft tun sie so, als würden sie sich nicht daran erinnern. So war es auch heute.

Es war einmal eine Mutter mit drei kleinen Kindern. Eines davon hatte das Down-Syndrom. Kinder mit Down-Syndrom sind besonders entwickelte Seelen.

Und sie sind voller Liebe. Die Mutter ging also mit ihren drei Kindern in einen Spielzeugladen, um ein paar kleine Geschenke für sie zu kaufen. Zwei von ihnen fanden schnell, was sie haben wollten.

Das dritte Kind, das mit dem Down-Syndrom, tat sich schwer. Es suchte nach einer Vase. Es brauchte lange, und seine Mutter wurde allmählich nervös. Nach einiger Zeit fand es etwas.

Sie gingen nach Hause, und die zwei Kinder fingen an, mit ihrem Spielzeug zu spielen. Das dritte ging in den Garten hinaus und blieb dort eine Weile. Es kam mit der blumengefüllten Vase zurück und überreichte sie seiner Mutter. Diese war völlig perplex und konnte die Tränen nicht zurückhalten.

So geht es uns auch jedes Mal, wenn wir diese Geschichte erzählen.

Ich bog das Gespräch ab, weil ich sah, dass es uns mitnahm, und fragte die Mädchen, ob wir kurz bei unserem Lieblingskiosk anhalten sollten.

»Ja!«

Wir stiegen aus, und ich begrüßte den stämmigen Kioskbetreiber, den ich seit letztem Schuljahr nicht mehr gesehen hatte.

Nach vielem Hin und Her und ein bisschen Quengelei kauften die beiden den Schnickschnack, den sie haben wollten. Sie lieben Schnickschnack.

Ich reichte dem Kioskmann die Sachen zum Einscannen und gab ihm das Geld. In dem Moment, als er uns das Wechselgeld geben wollte, sah er uns durchdringend an und sagte, so nett er konnte:

»Bleibt alle drei gesund.«

Ich schluckte leer. Diese schönen Worte machten mich sprachlos. Obendrein kamen mir wieder die Tränen. Ich weiß nicht warum. Vielleicht waren es der Wunsch dieses Mannes, seine Güte, seine Liebe, dieser außergewöhnliche Mensch, die Schönheit dieser Welt, die Dinge, die der Welt innewohnen, die Dinge, die draußen vorhanden sind, die Mädchen. Alles.

Meine Ältere kapierte es und sah mich fragend an.

Vor langer, langer Zeit kam einmal eine unbekannte Frau auf Manos Chatzidakis zu, der im »Zonars« saß, und fragte ihn, wie er nur diese tolle Musik schreiben könne. Manos wollte ihr gerade antworten, unterbrach sich aber gleich selbst.

»So ist es«, sagte er und schenkte ihr ein süßes Lächeln.

»So ist es, mein Kind.«

Fotis

____ **MAN WÜRDE MEINEN**, dass er ein Sixpack hat. Aber er ist pummelig und hat was auf den Rippen. Er hat schwarzes Haar und ein Kinnbärtchen. Er ist Schwimmtrainer. Wenn er lacht, meint man, das ganze Universum würde lachen. Und er lacht oft. Er liebt die Kids über alles und ist ständig an ihrer Seite. Er ermutigt sie. Er lobt sie. Er applaudiert ihnen. Und lacht ihnen immer zu.

Ich unterhielt mich mit meiner jüngeren Tochter, und wir kamen auf Fotis zu sprechen.

»Papa, den Kyr Fotis mag ich sehr gern.« (Als ob wir das nicht wüssten.)

»Warum denn?« (Scheinfrage.)

»Papa! (Hallooo!) Er schimpft nie!«

Ihr Gesicht strahlte. So hatte ich es noch nie gesehen, nicht einmal bei ihrem Lieblingsnachtisch.

Er schimpft nie.

Es ist so wichtig, Kinder nicht zu schimpfen.

Neulich unterhielt ich mich mit Adriana, der besten Freundin meiner Älteren, über ihren Lehrer. Er ist sympathisch, hat einen Pferdeschwanz und ist modern. Ein Lehrer, wie man es nicht erwarten würde. Auch Fotis gehört in diese Kategorie.

»Stefanos, unser Lehrer, Kyr Kostas, ist toll! Er schimpft nie!«

Kommentar nach demselben Muster.

Glück bis zum Anschlag.

Kinder lieben solche Menschen über alles. Dabei schenken diese ihnen nichts. Im Gegenteil. Sie stacheln sie an. Meine Jüngere hatte keine Lust auf den Schwimmunterricht. Mittlerweile liebt sie ihn. Weil sie ihren Schwimmlehrer verehrt. Kinder lernen nicht von Menschen, die sie nicht cool finden. Aber wenn sie dich cool finden, folgen sie dir bis in den siebten Himmel. Wenn du »Bravo!« zu ihnen sagst, hüpft ihre kleine Seele. Wenn du »Bravo!« zu ihnen sagst, können sie gar nicht anders, als erfolgreich zu sein. Wenn du »Bravo!« zu ihnen sagst, ist eine Verbindung zwischen euch entstanden.

Man hat einmal beobachtet, dass die Wale und Delfine eines bestimmten Aquariums mit Abstand die erfolgreichsten weltweit waren. Sie führten die besten Sprünge, die schwierigsten Kunststücke, die beeindruckendsten Nummern vor. Dies wurde untersucht, und man kam auf den Trainer. Er war der Grund dafür. Er belohnte sie nämlich. Wenn sie etwas geschafft hatten, gab er ihnen einen kleinen Fisch. Wenn nicht, bekamen sie keinen. Er liebte sie und streichelte sie, sprach liebevoll mit ihnen und fand immer nette Worte für sie. Deshalb verehrten sie ihn. Sie hatten eine Verbindung zu ihm aufgebaut.

> Schrei deine Kinder nicht an.
> Schenke ihnen nur Liebe
> und motiviere sie.

Wenn sie von zehn Dingen neun falsch machen, dann rede mit ihnen über das zehnte, das, was sie richtig gemacht haben. Wenn du es würdigst, bekommt es bald Gesellschaft, und aus den neun werden acht. Und dann sieben. Wenn sie etwas falsch machen, dann schimpfe sie nicht. Leite sie an und gib ihnen einen Rat. Mach es bei deinen Nächsten genauso. Aber vor allem bei dir selbst.
Vergiss nicht, dass du ein kleines Kind in dir hast, das Fehler macht. Und sie wiederholen wird. Sprich nett mit ihm und verzeih ihm seine Fehler.
Leite es an und schimpf nicht mit ihm.
So wie auch Fotis nicht mit ihm schimpfen würde.
Dann schenkt es dir sein strahlendstes Lächeln.
Und führt dich zu deinen verrücktesten Träumen.

Mit Sicherheit.

Liebe

—— **LIEBE IST DAS GRÖSSTE GESCHENK,**
das Gott dir gemacht hat. Es gibt nichts Großartigeres und
Schöneres als die Liebe.

Liebe ist, wenn du einem Fremden zulächelst.

Liebe ist, wenn du dir selbst zulächelst.

Liebe ist, wenn du pünktlich bist.

Liebe ist, wenn du jemandem verzeihst, der dir Schaden zuge-
fügt hat.

Liebe ist, wenn du dich abgrenzt, damit er es nicht noch einmal tut.

Liebe ist, wenn du an dir arbeitest.

Liebe ist, wenn du sagst, was dich stört.

Liebe ist, wenn du die Verantwortung für dein Handeln übernimmst.

Liebe ist, wenn du »Danke« und »Bitte« sagst.

Liebe ist, wenn du jemanden körperlich, aber vor allem mit deiner Seele umarmst.

Liebe ist, wenn du Sport treibst.

Liebe ist, wenn du die Extrameile gehst, auch wenn es keiner verlangt hat.

Liebe ist, wenn du jemanden anrufst, statt eine SMS zu schicken.

Liebe ist, wenn du jemanden umarmst, statt ihn anzurufen.

Liebe ist, wenn du alles gibst.

Liebe ist, wenn du ein Insekt rettest.

Liebe ist, wenn du dein Leben auch dann für deinen Traum hingibst, wenn alle und alles dich verraten haben.

Liebe ist, wenn du dir selbst Wertschätzung entgegenbringst.

Liebe ist, wenn du Verständnis zeigst, vor allem, wenn es einfach wäre, Kritik zu üben.

Liebe ist, wenn du dich richtig ernährst.

Liebe ist, wenn du das Schöne im Schlechten siehst.

Liebe ist, wenn du dich um die Menschen kümmerst, die du kennst, und vor allem um die, die du nicht kennst.

Liebe ist, wenn du jemandem den Vortritt lässt.

Liebe ist, wenn du dir deine Fehler verzeihst.

Liebe ist, wenn du die Augen schließt und träumst.

Liebe ist, wenn du dir ausreichend Schlaf gönnst.

Liebe ist, wenn du für neue Ideen aufgeschlossen bist.

Liebe ist, wenn du erst nachdenkst, bevor du etwas sagst.

Liebe ist, wenn du dir selbst etwas schreibst.

Liebe ist, wenn du den anderen anders sein lässt.

Liebe ist, wenn du deine Kinder etwas wagen lässt, auch wenn du dir vor Angst in die Hosen machst.

Liebe ist, wenn du frühmorgens aufstehst, um den Tag zu nutzen.

Liebe ist, wenn du nicht alles auf die Goldwaage legst.

Liebe ist, wenn du mit dem Körper, aber vor allem mit der Seele auf Reisen gehst.

Liebe ist, wenn du die Welt besser zurücklässt, als du sie vorgefunden hast.

Liebe ist jenes kleine Licht, das immer von dir übrig bleiben wird, um anstelle deiner Seele zu leuchten, wenn du nicht mehr da bist.

Liebe ist der Grund, weshalb du lebst.

```
    Jeder Tag, an dem du
     nicht geliebt hast,
  ist ein Tag, an dom du
     nicht gelebt hast.
```

Nein

____ **FAST IMMER TELEFONIERE ICH** morgens mit meinen Töchtern. Um diese Zeit sind sie schon wach, sitzen beim Frühstück und machen sich für die Schule fertig. Meine Große ist ein Kind, das sich an Regeln hält. Die Kleine reagiert schon allergisch, sobald sie nur das Wort »Regeln« hört. Fast immer bringt die Große das Thema zur Sprache. »Wie geht's dir, mein Schatz?« »Gut, Papa.« »Was habt ihr gestern Abend gelernt?« »Das und das, Papa.« »Was ist heute dran?« »Das und das.« Wir unterhalten uns immer, haben uns immer etwas zu sagen, auch wenn ich ihr manchmal die Würmer aus der Nase ziehen muss. Gestern bat ich sie irgendwann, ihre kleine Schwester ans Telefon zu holen. Sie fragte nach. »Sie will jetzt nicht mit dir sprechen.« »In Ordnung, Kleines. Macht es gut.«

Ich spule mehrere Jahre zurück. »Ich höre wohl nicht richtig … Sie will nicht mit ihrem Papa sprechen? Wo gibt's denn so was?« Ich war so verärgert! Das würde ich auf keinen Fall erlauben, geschweige denn tolerieren.

Damit ist jetzt Schluss. Ich habe in all den Jahren sehr viel an mir gearbeitet und weiß inzwischen, dass jeder das Recht, ja die Verpflichtung hat, sich abzugrenzen und sich zu schützen. Über sein Leben zu bestimmen. Ich habe viel schlucken müssen, um zu lernen, selber »Nein« zu sagen. Ich war verärgert, machte mich zum Opfer, und meine Gesundheit war angeschlagen. Ich habe ein halbes Leben lang gebraucht, um zu lernen, dass ich am Steuer sitze und die Richtung vorgebe und nicht mit ansehen muss, wie andere das Steuer übernehmen. Das Ergebnis dieses Lernprozesses ist, dass meine Jüngere manchmal »Nein« sagt, wenn sie sich dafür entscheidet. Ich erkenne ihr Recht an, über ihr Glück zu bestimmen. Ich respektiere und bewundere es.

Genau diese Grenzen, die wir setzen oder nicht setzen, machen unser Leben aus. Sie sind der Grund, weshalb wir das Leben führen (oder nicht führen), das wir uns wünschen. Wenn du es nicht mit Stacheldraht einzäunst, werden die anderen deine Grenzen übertreten. Und soll ich dir was sagen? Nicht der andere ist schuld. Der andere ist niemals schuld. Es liegt in deiner Verantwortung, Grenzen zu setzen.

Das *Nein* ist heilig.

Sag es von jetzt an, dann wird sich dein Leben ändern.

Sag es von jetzt an, dann werden es auch deine Kinder sagen.

Sich abzugrenzen ist der höchste Akt der Selbstachtung.

Es ist kein Recht, sondern eine Pflicht.

Gegenüber dir selbst.

Dem wichtigsten Menschen in deinem Leben.

Und wenn von anderen ein Nein kommt, dann lerne, ihnen zuzuhören.

Nimm die Dinge nicht persönlich.

Auf Instagram habe ich neulich gelesen:

> Wenn du aufhörst,
> Dinge persönlich zu nehmen,
> bist du frei.

Die Behinderung

ICH DACHTE, DIE SACHE sei jetzt gegessen. Beim Verfassen meines Buchs *Captain* weinte ich so viel, wie ich nie in meinem Leben geweint habe. Ich weinte um dich, trauerte um dich und wehklagte. Die meisten Menschen vermeiden den Schmerz. Ich habe mittlerweile gelernt, dass der Schmerz ein Freund ist. Man will ihn nicht bei sich zu Hause haben, aber wenn er an die Tür klopft, muss man ihm aufmachen. Man hat keine andere Wahl. Je mehr man ihn meidet, desto häufiger kommt er zurück. Es ist wie bei riesigen, zerklüfteten Felsbrocken: Wenn man sie umdreht, sind sie an der Unterseite glatt, und die Erde ist frisch und weich. Wenn du deinen Schmerz bearbeitest, wird er dich erlösen. Mich hat mein Buch *Captain* wieder zum Leben erweckt.

Nein, ich habe dich nicht vergessen. Jeden Tag erinnere ich mich bei kleinen Anlässen an dich und sage zu Mama immer: »Wenn Papa hier wäre, würde er das tun«, und zu meinen Töchtern: »Ach, wäre Opa doch jetzt hier!« Und ich lächle dabei. Und doch fehlt eines unserer wichtigsten Familienmitglieder. Als hätte einem jemand einen Finger oder sogar die ganze Hand abgeschnitten. Im Lauf der Zeit findet man sich damit ab und akzeptiert es. Doch man kann es noch so sehr akzeptieren, es wird einem immer eine Hand fehlen. Man lernt einfach, seine Arbeiten mit der anderen Hand zu verrichten. Man lernt, mit seiner Behinderung zu leben.

```
Eine Behinderung - das ist der
  Tod eines geliebten Menschen.
```

Vorgestern ging ich zur Platia Voulas hinunter, um ein paar Sachen zu erledigen. Ich war entspannt und guter Dinge, begrüßte Bekannte, ging bei meiner Lieblingsbank vorbei, erledigte dort meine Angelegenheiten und zog meine Kumpels auf. Als ich fertig war, stand ich wieder draußen. Der Bürgersteig war leer. Eigentlich war er nicht leer. Die Leute kamen und gingen. Die Leere war in mir. Etwas Großes fehlte. Du. Der du da entlanggingst, mit der Mappe in der Hand, mit deinen blauen Augen, gut gekleidet, mit frisch gebügeltem Hemd, ein wenig nach vorn gebeugt, mit deinem typischen, langsamen Schritt und jenem einzigartigen Lächeln auf dem Gesicht.

Als hätte jemand die Tonspur aus dem Film gerissen – so war die Szenerie ohne dich. Wie ein Bild, aus dem man die Farbe herausgesogen hat. Etwas Stummes, das man nicht erklären kann, mit dem man aber leben muss. Eine Stille, die überall, aber vor allem in einem selbst ist. Ich wusste nicht, wo zum Teufel du bist, ich wusste nur, dass du nicht mehr bist. Du bist nicht hier, sodass wir auf den Wochenmarkt gehen könnten; du bist nicht hier, sodass ich dich necken könnte; du bist nicht hier, sodass ich dein Telefon reparieren könnte; du bist nicht hier, sodass ich dir erzählen könnte, wie ich mit dem Buch über dich vorankomme; du bist nicht hier, sodass ich dein Rasierwasser riechen könnte; du bist nicht hier, sodass ich deine weiche Haut berühren könnte.

Man weiß, dass die Menschen, die einem lieb sind und nicht mehr leben, irgendwo sind, aber man weiß nicht, wo. Man kann ihnen weder eine E-Mail noch eine SMS noch ein Foto schicken und sie auch nicht anrufen. Als hätte das Handy keinen Empfang und würde auch nie mehr Empfang haben.

Das ist der Tod.

Er ist eine Behinderung.

Eine Behinderung, die immer bleiben wird.

Man wird sich einfach an sie gewöhnen.

Klarer Himmel

_____ **EINE FREUNDIN HATTE EINEN TEXT** von mir ein zweites Mal publiziert. Ich sah mir die Kommentare an. Irgendwo hatte ein wütender Leser kommentiert, ich würde viel Lärm um nichts machen. Er bezeichnete mich als inkonsequent und schrieb, dass er sich mein Haus angesehen habe und mich in- und auswendig kenne. Es fehlte nur noch, dass er mich auch noch als Dieb bezeichnete.

Anfangs meinte ich, ihn nicht zu kennen, doch sein Gesicht hatte ich schon mal irgendwo gesehen. Ich schrieb ihm eine persönliche SMS, um herauszufinden, woher ich ihn kannte und was ich ihm angetan hatte. Er reagierte unhöflich, ohne meine Frage zu beantworten. Ich fragte noch einmal nach, um zu sehen, worauf er hinauswollte. Seine Unhöflichkeit eskalierte. Er drohte, er werde schmutzige Wäsche waschen. Ich antwortete, das stehe ihm völlig frei. Die Drohungen und Provokationen gingen weiter, wurden aber nie konkret. Daraufhin legte ich eins drauf: »Bei klarem Himmel fürchtet man keine Blitze«, und wollte die SMS losschicken.

Doch aus irgendeinem Grund tippte ich nicht auf »Senden«. Mein Blick ruhte auf den Wörtern »klarer Himmel« und »Blitze«. Etwas in mir sagte, ich solle die Nachricht nicht abschicken. Etwas in mir sagte, ich solle die Sache anders auffassen.

Wer sagt denn, dass mein Himmel klar ist?

Wer sagt denn, dass ich den Typen wirklich nicht übers Ohr gehauen habe oder nicht inkonsequent war?

Und wer sagt denn, dass ich bei allem, was ich gesagt und getan habe, immer konsequent geblieben bin?

Schließlich löschte ich den Satz. Langsamer und besonnener, als ich ihn geschrieben hatte.

Es gibt also das Ego, und es gibt das Sein. Das Ego ist Oberfläche, und das Sein ist das ganze restliche Meer.

Das Ego liebt es, zu kritisieren,
wütend zu werden, zu trennen,
um Recht zu haben.

Dem Meer gefallen Tiefe, Wahrheit, Verbundenheit. Das Ego kennt nur Logik. Das Meer hat Gefühl, hat Liebe. Das Meer hat alles. Es ist eins mit dem Universum. Das Ego hat die aggressive Nachricht verfasst. Das Meer hat sie gelöscht.

Der Typ hat mir an jenem Tag eine wertvolle Lektion erteilt. Er hat mich daran erinnert, dass ich ein Mensch bin und der Himmel bei mir nicht immer klar sein wird. Manchmal wird er sich trüben, manchmal wird es regnen, manchmal werden Blitze zucken. Und auch das hat seine eigene, besondere Schönheit. Ich brauchte Jahre, um das zu verstehen. Um auch meine eigenen Unwetterphasen anzunehmen. Auch das ist ein Teil von mir. Es ist vielleicht der bemerkenswerteste Teil von mir. Vielleicht mein allerpersönlichster Teil. Auf jeden Fall aber mein einzigartigster. Jetzt weiß ich es.

Jetzt akzeptiere ich es.

Heute finde ich es gut.

Jetzt finde ich mich gut, selbst dann, wenn ich mich nicht gut finde.

Catenaccio

____VON FUSSBALL HABE ICH KEINE AHNUNG. Aber an ein paar Regeln erinnere ich mich noch von fruher. Als Kind habe ich mich so viel mit Fußball beschäftigt, dass ich ihn für den Rest meines Lebens satthatte.Beim Catenaccio spielt man in der Abwehr, um kein Tor zu kassieren. Man schließt hinten im eigenen Feld die Reihen, um nicht zu verlieren. Und am Ende verliert man natürlich. Ich habe in meinem Leben oft Catenaccio gespielt. Und auch das hatte ich irgendwann satt. Gestern waren die Mädchen bei mir zu Hause. Die Jüngere fand ein Rezept für einen Waldfrüchte-Cocktail mit Joghurt und verschiedenen Früchten. Das wollte sie ausprobieren. Zuerst bockte ich. Wenn ich Angst vor etwas habe, dann die, dass meine Kinder auch Catenaccio spielen. Ich machte also schnell einen Rückzieher. Irgendwann musste meine Tochter das Obst mit dem scharfen Messer zerschneiden. Ich ließ sie machen. Ich stand daneben, ließ sie aber machen. Ich wollte sie nicht davon abhalten, so wie meine Mutter mich abgehalten hatte und wie alle »vernünftigen« Eltern verhindern würden, dass ihr Kind sich schneidet oder sich gar »ein Auge aussticht«. Anschließend musste sie die Früchte in den Mixer füllen. Die Hälfte fiel daneben. Danach gab sie auch den Joghurt dazu, von dem ebenfalls nicht alles im Mixer landete. Sie drückte auf den Knopf, und wir sahen zu, wie sich die Messer in dem durchsichtigen Behälter vor unseren Augen hin und her bewegten. Sie füllte die Mischung zwei- bis dreimal um, bis sie das richtige Glas dafür gefunden hatte. Dabei machte sie die Hälfte der Gläser schmutzig. Daraufhin wollte sie die Strohhalme auf die gewünschte Länge zuschneiden. Das klappte nicht. Sie versuchte es so lange, bis es ihr gelang.

Schließlich sah die Küche wie ein Saustall aus. Natürlich machen violette Waldfrüchte überall Flecken. Doch meine jüngere Tochter war glücklich, weil sie ihren eigenen Cocktail gemacht hatte, mit ihren Händen, in ihren Gläsern und mit ihren Strohhalmen. Sie lebte ihr eigenes Leben. Sie spürte, dass sie es konnte. Sie ging in die Gegenoffensive. Sie spielte nicht Catenaccio.

Obendrein wollte meine Ältere das Omelett selber machen. Die Eier aufschlagen, die Arbeitsfläche dreckig machen, die Eier verschlagen. Sie spritzte alles voll. Sie goss selber Öl in die Pfanne und verteilte es überall. Die Pfanne zischte, und ich stand nur dabei, denn es sollte ihr Omelett und nicht meines werden. Ich wollte, dass es ihr Leben und nicht meines war.

Am Schluss entschädigte uns das Omelett. Wir schleckten uns die Finger ab. Das Wichtigste war jedoch, was meine Tochter dabei empfand. Das, was man mit allem Geld der Welt nicht kaufen kann. Wenn sie ihr Curriculum Vitae schreiben würde, wäre das Omelett sicher darin erwähnt.

Samstags gehe ich auf den Wochenmarkt. Gewöhnlich mit meinem Papa, aber gestern ging ich allein. Mein Vater ist 89 Jahre, aber man würde ihm noch nicht mal 75 abnehmen. Er hat vom 19. bis zum 84. Lebensjahr bei derselben Schifffahrtsgesellschaft gearbeitet. Als Kapitän kennt er die fünf Weltmeere wie seine Westentasche. Er ist durch Hurrikane und Stürme gegangen. Heute beschäftigt er sich rund um die Uhr mit seinem Garten. Er hat nicht genug Zeit. Er hat nie Catenaccio gespielt und hat es, so wie es aussieht, auch jetzt nicht vor.

Jorgos von Evvia hat den ersten Stand gleich beim Eingang zum Markt und die besten Mandarinen. Ein lebenserfahrener, weiser Mensch, der Dinge einzuschätzen weiß.

»Wo ist dein Vater?«, fragt er.

»Zu Hause, Jorgos, in seinem Garten.«

»Bravo«, sagt er. »Tausendmal besser, als wenn er sich durch einen Sturz oder gebrochene Knochen von uns verabschiedet. Soll er sich doch plagen und auf die Bäume klettern. Sagt ihm bloß nicht, er soll die Hände in den Schoß legen. Das ist sein sicherer Tod.«

Im Griechischen sagt man statt Catenaccio auch »Einheitsbrei«. Das Leben mancher Menschen kann man nicht als Leben, sondern nur als »Einheitsbrei« bezeichnen. Leider sehe ich davon ziemlich viele in meiner Umgebung. Ich erkenne sie mittlerweile gut. Auf Eis gelegte Träume, ständige Angst, Misstrauen, nur auf den eigenen Vorteil bedacht sein und den lieben Gott einen guten Mann sein lassen, reichlich fernsehen, unkontrollierter Social-Media-Konsum, Selfies am laufenden Band, Verherrlichung der Banalität, Klatsch und Tratsch, Kritik, Ausreden, Nörgeleien, Misere und so weiter.

```
   Entweder  lebst  du  das  Leben,
       oder  du  legst  es  auf  Eis.
```

Die Ironie dabei? Wir alle haben die Voraussetzungen, um unseren eigenen Cocktail und unser eigenes Omelett zuzubereiten. Was ist der Preis? Verdreckte Küchen, Risiko und Unsicherheit. Der Preis für den Einheitsbrei? Ein Tod exakt so, wie Jorgos ihn beschreibt. Mach lieber tausend Mal die Küche dreckig, als zu zittern, dass etwas danebengeht.

In einem Wissenschaftsmagazin habe ich gelesen, dass Menschen, die ihr Leben auf Eis legen, eine deutlich niedrigere Lebenserwartung haben.

Das Universum sagt uns auf seine Weise, dass wir nicht unnötig Platz wegnehmen sollen.

Warum hören wir nicht auf es?

WLAN

_____ **SIE BENÖTIGTE NUR** einen Moment, um die Entscheidung zu treffen. Nicht einen Tag, nicht mal eine Stunde. Einen Moment brauchst du, um diese Entscheidung zu treffen. Einen Moment brauchst du, um dein Leben zu verändern. Wenn du es tatsächlich willst. In nur einem Moment beschloss sie, vom Zentrum in den Athener Stadtteil Voula umzuziehen. Die Wohnung in Voula stand seit Monaten leer. Man will ja nicht Miete bezahlen, und die andere Wohnung steht leer. Die Informationen befanden sich in all dieser Zeit direkt vor ihrer Nase, und doch brauchte sie nur diesen einen Moment, um die Puzzleteile zusammenzufügen und das Rätsel zu lösen.

Den Umzug regelte sie innerhalb weniger Tage. Meine Freundin ist wirklich tüchtig. Es war, als hätten alle Dinge ihren Platz gefunden, wie beim »Tetris«-Spiel. Am ersten Abend war sie fröhlich, aber auch hundemüde und lud uns in ihre neue Wohnung zum Essen ein.

Das WLAN hatte sie allerdings nicht angeschlossen. Erst wenn einem etwas von seinen Grundbedürfnissen versagt bleibt, weiß man es nämlich zu schätzen. Und leider gehört WLAN inzwischen zu den Grundbedürfnissen. Es sollte ungefähr zwei Wochen dauern, bis es angeschlossen werden konnte.

Die Tage vergingen – die Zeit vergeht immer schnell –, und der besagte Tag kam. Eines Morgens rief sie mich also an. Zuerst verstand ich nicht, was passiert war. Ich hörte nur Jubelstimmung aus dem Hörer. Als hätte sie das große Los gezogen. Das mit den vielen Nullen.

»Es ist da! Es ist da!«

»Was denn, Schatz?«

»Das WLAN!«

Ich brauchte einen Moment, um es zu begreifen.

Wie freute sich mein Mädel über diese Neuigkeit!

Es war, als würde sie abheben. Fröhlich, begeistert. Warum?, fragte ich mich.

Weil sie vorher kein WLAN hatte.

Was ist das Geheimnis der Freude?

Etwas nicht zu bekommen. Genauer gesagt, wenn man meint, es nicht zu bekommen.

Wenn man es abgeschrieben hat und nicht darauf wartet, meine Lieben.

Die Gleichung ist einfach:
Glück = Ergebnis minus Erwartungen

Je geringer die Erwartungen sind, desto mehr wirst du dich freuen.

»Erwarte nicht zu viel«, sagte man früher.

Was sollst du erwarten? Nichts. Dann wirst du glücklich sein.

Ich sah mir einen TED Talk an. Der Redner analysierte die Stufen des Glücks von damals und heute. Die von heute sind, verglichen mit den Umständen, unverhältnismäßig niedrig. Warum? Weil man früher sehr wenig Erwartungen hatte. Man ging in ein Geschäft, und dort gab es zwei Jeans: eine schwarze und eine blaue. Und heute? Heute gibt es hundert. Ausgewaschene, schwarze, kurze, abgewetzte, weite, zerrissene, tief geschnittene und so weiter und so fort. Die Latte liegt hoch. Und sag mal, ist es schlimm, dass die Latte hoch liegt?

Natürlich nicht. Es ist eine Sache, viel zu wollen, aber eine andere Sache, mit wenig auszukommen.

Das sagte auch der große Nikos Kazantzakis:

»Ich hoffe nichts. Ich fürchte nichts. Ich bin frei.«

Hast du jetzt endlich WLAN?

Dann juble!

Die Ferngesteuerten

____ **MEINE JÜNGERE TOCHTER** liebt die Athener »Christmas Factory« heiß und innig. Wenn ein Jahr um ist, zählt sie die Tage rückwärts, bis diese im Folgejahr wieder ihre Türen öffnet. In der Weihnachtszeit gehen wir mindestens zweimal hin.

Wir wissen alles auswendig, so wie man einen Film auswendig kennt, den man zehnmal gesehen hat. Man weiß, was für Sprüche kommen, kennt den Gesichtsausdruck der Schauspieler und weiß sogar, wann sie Luft holen. Wir wissen, was jetzt gleich kommen wird. Wir wissen sogar, um welche Zeit der heilige Vassilios zum Pinkeln geht …

Letztes Mal beobachtete ich also die Eltern. Manche hatten Gemeinsamkeiten, als würden sie einen Cluster bilden. Ich beobachtete Mütter mit kleinen Kindern im Kinderwagen, die sie behandelten, als wären es ihre Puppen. Ich meine nicht die Liebe und die Fürsorglichkeit, ohne die ein Kind nicht lebensfähig ist. Ich meine die Vorstellung von Besitzdenken. Du spielst mit deiner Puppe und ich mit meiner. Ein paar etwas ältere Kinder waren vor der Pflichtumarmung geflohen. Als hätten sie den Bereich ihrer Selbstständigkeit vergrößert. Aber nicht viel. Sobald sie sich ein wenig entfernten, hagelte es Befehle wie von einem Feldwebel, und noch dazu einem von der alten Garde: »Kind, wo gehst du hin?«, »Nicht dorthin!«, »Nein!«, »Ich hab's dir schon mal gesagt, aber du hörst mir nicht zu«, »Antonis!«, »Mary!«, »Komm her! Sofort!«. Ein befehlender und gelegentlich ausfallender Ton.

Ein Kind in diesem Alter will Dinge entdecken, will spüren, dass es etwas kann, will auf eigenen Beinen stehen, sich selbst vertrauen, seine Flügel ausbreiten. Und die Eltern stutzen sie ihm. Vielleicht weil sie es leid sind, ihnen nachzulaufen und bei Fuß zu stehen, vielleicht weil sie das Plaudern mit den anderen Eltern rechts und links nicht verpassen wollen, vielleicht weil sie sich ihren eigenen Ängsten nicht stellen wollen, vielleicht weil sie sich wichtig fühlen wollen, vielleicht weil ihre Eltern dasselbe gemacht haben. Das Resultat ist verheerend. Die Kinder sind ja nicht ferngesteuert, sodass das System schlappmachen würde, wenn sie den steuerbaren Radius verlassen. Sie sind auch keine Flipperautomaten, die man tiltet, wenn man an ihnen ruckelt. Die Fernsteuerung, dieses tragische Phänomen, ist ziemlich griechisch. In unserem Land setzen manche »traditionellen« Eltern sie leider fort, selbst wenn ihre Kinder volljährig sind. Erst recht, wenn die Kinder sich danach sehnen, weil sie sich haltlos fühlen. Ich habe jahrelang ein ferngesteuertes Leben geführt und weiß Bescheid.

Wenn du deine Kinder wirklich liebst, hör schon beizeiten auf, sie fernzusteuern, oder noch besser: Fang gar nicht erst damit an. Stell dich deinen Ängsten und lade sie nicht anderen auf. Das ist nicht nur unerträglich, sondern auch unverhältnismäßig und ungerecht. Kinder sind kleine Erwachsene und haben dieselben Rechte wie du.

Nur weil du momentan meinst, zehn Dinge mehr zu wissen, hast du nicht das Recht, über sie zu bestimmen und sie zu beherrschen.

> Deine Kinder
> gehören nicht dir.
> Sie gehören sich selbst.

Je schneller du das kapierst, desto schöner wird euer Leben sein. Behandle sie auf Augenhöhe. Die Waage soll sich nicht neigen. Und noch ein Letztes: Früher oder später werden deine Kinder aufwachen und von ihren Rechten erfahren. Du wirst sie nicht ihr Leben lang im Turm von Rapunzel festhalten können. Das, was du deinen Kindern ungewollt antust, wirst du teuer bezahlen, wenn sie erwachsen sind. Du sollst wissen, dass Kinder, wenn sie erwachsen sind, saftige Zinsen für das berechnen, was du ihnen schuldig bist.

Wucherzinsen.

Das Puzzle

_____ICH LIEBE MEINEN KLEINEN SMART über alles. Er leistet mir gute Dienste und erleichtert mir das Leben. Fast immer fahre ich mit ihm ins Stadtzentrum – ich weiß gar nicht mehr, wann ich das letzte Mal mit der U-Bahn gefahren bin. Ich finde immer einen Parkplatz.

Eine Ausnahme ist jener Teil von Athen, wo selbst mein kleiner Smart kapituliert. Oft benutze ich das sympathische unterirdische Parkhaus. So auch heute. Nach einer flotten Runde ums Karree kam ich bei meinem Freund raus. Er ist immer fröhlich und blödelt mit mir rum. Er gab mir das Ticket und sagte, ich solle warten, bis die Ampel grün würde, und dann weiterfahren. Ich warf ihm ein vielsagendes Lächeln zu (hey, ich habe hier schon eine Menge Geld gelassen). Er kapierte und erwiderte mein Lächeln. Genau so, wie wir uns als Kinder Pässe zuspielten. Ich fuhr auf Ebene -3 und parkte vorbildlich ein. Dann holte ich den Aufzug. Er kam von -5 hoch, das heißt, es war schon jemand drin. Ich öffnete die Tür. Der Typ drinnen grimmig, in Gedanken versunken. Ich wagte es:

»Guten Tag.«

»Guten Tag«, erwiderte er überrascht, als hätte ich ihn zu früh geweckt. Ich freute mich und er sich, glaube ich, auch.

Ich hatte mich ganz automatisch in den hinteren Teil des Aufzugs gestellt, damit er Platz hatte, um als Erster auszusteigen. Erst hatte ich überlegt, mich vorn hinzustellen, um ihm die Tür zu öffnen, befürchtete aber, dass er meine Absicht missverstehen würde. Irgendwann waren wir auf Ebene null angelangt. Ich sah, dass er sich auch Gedanken machte. Wahrscheinlich dachte er an etwas Ähnliches.

Neulich hörte ich mir auf YouTube einen guten Typen an, der sagte, es gehe nicht darum, was ich denke, und auch nicht, was der andere denkt, sondern es gehe darum, was nach meiner Auffassung der andere denkt. Oder so ähnlich.

Der Typ stieg also als Erster aus, aber um mir die Tür zu öffnen. Er hielt sie offen und wartete auf mich. Ich war überrascht. Beim Rausgehen bedankte ich mich bei ihm und setzte dazu mein nettes Lächeln auf. Ich hielt ihm die Tür auf, sodass er auch aussteigen konnte.

»Danke ebenfalls.«

»Schönen Tag noch.«

Schöne Worte, die bewirken, dass man sich als Mensch fühlt.

Mein Termin lief erwartungsgemäß gut. Bei meiner Rückkehr spielte mir der Typ am Schalter wieder einen Pass zu (ich sag's nicht noch mal – okay, du weißt schon). Als ich gehen wollte, verabschiedete er sich herzlich. Ich spielte ihm den Pass zurück – zielgenau, wie man sagt. Unsere Blicke und unser Lächeln trafen sich. Na und? Wie wichtig sind diese Details?

Immens wichtig.

> Jeder Augenblick zählt.
> Keiner ist überflüssig.

Das Leben besteht einzig und allein aus Augenblicken. Groß sind die kleinen Dinge. Viele kleine Dinge zusammengenommen machen das große Ding aus. Wir wollen die großen, schenken den kleinen aber keine Beachtung. Deshalb haben wir auch die großen nicht.

Ich lege nicht oft ein Puzzle mit meinen Töchtern. Doch es gibt welche, die Tausende Teile haben. So ein Puzzle ist das Leben. Ein riesiges Puzzle mit Millionen von Augenblicken. Jeder einzelne ist magisch. Jeder einzelne ist einzigartig.

Würdest du zulassen, dass sich kleine Teile in deinem Puzzle verhaken?

Warum lässt du es dann in deinem Leben zu?

Zwölf mögliche Lektionen, die uns das Virus lehrt

DIESEN TEXT HABE ICH am 24. März 2020, während der Coronakrise, geschrieben.

1. Ich lerne, das **wertzuschätzen**, was ich habe. Freude entsteht nicht dadurch, dass du etwas besitzt, sondern dadurch, dass du seinen Wert zu schätzen weißt.
   Nichts ist selbstverständlich. Nicht mal das Bier mit deinen Kumpels.

2. Ich lerne, **mich nach dem zu richten**, was das Gesetz und die Fachleute sagen. Wenn ich etwas tun muss, dann muss ich es tun. Das ist eine erwachsene Einstellung. Jede erdenkliche Theorie und Verschwörungstheorie in meinem Kopf dient dazu, dass ich sie mit meinen Kumpels diskutiere, wenn wir hoffentlich mal wieder ein Bier zusammen trinken.

3. Der ausgedehnte **Nachrichtenkonsum** im Fernsehen war und ist eine der schlechtesten Angewohnheiten meines Lebens und wird es immer sein – für mich und für meine Familie. Er führt zu Pessimismus, Negativität, Depression und langfristig möglicherweise zu Krankheit. Ich informiere mich in aller Ruhe zehn Minuten täglich. Nur wer die Nachrichten schon seit einiger Zeit aus seinem Leben verbannt hat, begreift, wie wichtig diese Angewohnheit ist.

4. Ich lerne endlich, mich auf das Gute zu **fokussieren** und nicht nur auf das Schlechte. Wenige Menschen können derzeit wirklich sehen, dass China und Südkorea wohl kurz vor dem Ende der Viruskrise stehen. So wie es auch in Italien am zweiten Tag in Folge weniger neue Coronafälle und Todesfälle gibt (wir hoffen, dass es so bleibt). Es gibt im Leben Gutes und Schlechtes. Neunzig Prozent der Menschen fokussieren sich krankhaft und hartnäckig auf das Schlechte.

5. Es wird mir bewusst, dass **Freiheit** eine Sache der inneren Einstellung ist. Du kannst alles haben und trotzdem Mangel empfinden. Du kannst zu Hause eingeschlossen sein und dich trotzdem frei fühlen. Freiheit bedeutet nicht, tun zu können, was ich will, sondern mich auch dann frei zu fühlen, wenn ich mich dafür entscheide, es nicht zu tun. Nelson

Mandela fühlte sich 27 Jahre in seiner Gefängniszelle frei und wurde deshalb zu dem, der er wurde.

6. Endlich lerne ich, mich mit meinen Mitmenschen zu **verbinden** und sie zu **schätzen**. Wir sitzen hier alle im selben Boot. Jeder, der per Telefon oder per Video mit Freunden sprach (keine SMS, kein Post), spürte die Freude, die nur die Verbundenheit schenken kann. Jeder, der einem anderen Menschen in Not half, kann die Kraft der Liebe spüren. Auch empfanden und empfinden wir in all diesen Tagen Dankbarkeit für unsere Mitmenschen, die ihr Leben aufs Spiel setzen, damit wir unsere »Sofa-Haft« genießen können (Polizisten, Sicherheitskräfte, Armee, Müllabfuhr, Apothekerinnen, Krankenpfleger, Ärztinnen, Lieferdienste, Bankangestellte, Journalistinnen und viele, viele andere).

7. Wenn ich aus dem Haus gehen will, sende ich unter der 13 033 eine SMS mit einem Nummerncode ans Ministerium: Nummer 6 steht für **körperliches Training**. Herzlichen Glückwunsch an den Staat, der dafür gesorgt hat, auch diese Begründung mit aufzunehmen. Diese körperliche Ertüchtigung wird mein Leben verändern. Eine halbe Stunde Gehen oder Joggen oder Fahrradfahren oder irgendeine andere Form von Bewegung verringert Stress, schüttet Endorphine aus, beruhigt das Gehirn, baut das Selbstwertgefühl auf und stärkt die Gesundheit. Wäre tägliche Bewegung obligatorisch, würden wir in einer anderen Welt leben. Die ideale Zeit für körperliche Ertüchtigung ist morgens (da ist der Spiegel des Cortisols, des Stresshormons, sehr hoch) und abends, wenn die Nachrichten kommen und die Stadt sich leert (zwei Fliegen mit einer Klappe).

8. Ich lerne, einige Umstände und Situationen zu **akzeptieren**, die nicht in meiner Hand liegen. Weder konnte ich wissen, dass die Krise ausbrechen würde, noch weiß ich, wann sie zu Ende sein wird. Wie lange wird sie dauern? So lange sie dauert. Keiner weiß es. Es wird im Leben immer Dinge geben, über die ich nicht bestimmt habe, nicht bestimme und nie bestimmen werde. Ich akzeptiere, dass manches nicht in meiner Hand liegt, und damit fühle ich mich gut. Ein außerordentlich befreiendes Gefühl, vor allem für diejenigen, die immer alles kontrollieren wollen. Ein anderer bestimmt über das Wetter, ich bestimme nur über mein Segel.

9. Ich lerne, mich **weiterzuentwickeln**. Wir alle haben zu Hause ungelesene Bücher stehen. Es war und ist eine hervorragende Gelegenheit, um wieder mit dem Lesen anzufangen, nicht nur im August am Strand. Wenn du eine halbe Stunde pro Tag liest, kannst du innerhalb von einer Woche ein Buch zu Ende lesen. Innerhalb eines Jahres 50 Bücher. Allen erfolgreichen Menschen ist gemeinsam, dass sie sich täglich weiterentwickeln (mit Hilfe von Büchern, Hörbüchern, Podcasts, Vorträgen auf YouTube, Seminaren, Psychotherapie, Yoga und so weiter).

10. Ich lerne, **flexibel** zu sein. Schon viele von uns waren gezwungen, sich innerhalb sehr kurzer Zeit auf Homeoffice umzustellen und Skype, Videokonferenzen und andere notwendige Tools zu benutzen. Das einzig Sichere im Leben ist die stete Veränderung. Ich muss mich anpassen und flexibel sein, damit ich mein Leben den Umständen anpasse, anstatt zu versuchen, die Umstände meinem Leben anzupas-

sen. »Klappe halten und weitermachen« – einer der besten Slogans, die je verfasst wurden.

11. Ich lerne, **meine elektronischen Geräte auszuschalten**. Die übertriebene Nutzung von Handy, Tablet und so weiter ist Garant für ständige Ablenkung, bedenkliche Fokussierung und den Verlust einzigartiger Momente mit meiner Familie. Recherchen haben mittlerweile einen direkten Zusammenhang zwischen übermäßiger Nutzung elektronischer Geräte und Depressionen festgestellt. Ebenso sind die dauernden Benachrichtigungen zu den unmöglichsten Zeiten eine Garantie für eine Verringerung unserer Produktivität (um bis zu 80 Prozent) bei allem, was wir tun. Die mangelnde Konzentration ist ein Problem.

12. Ich akzeptiere die Eventualität des **Todes**. Ich glaube, wir alle haben uns in diesen Tagen, und sei es nur ein bisschen, mit der Eventualität des Todes versöhnt. Das ist auch gut so. Wir werden nicht ewig leben. Oft halten wir uns für unverwundbar, unsterblich und meinen, der Tod betreffe nur die anderen und nicht uns und unsere Lieben. Und dennoch: Nur wenn du dich mit der Möglichkeit deines Todes anfreundest, ändert sich dein Leben. Du wirst freundlicher, knüpfst müheloser Verbindungen und kannst Wertschätzung einfacher empfinden. Dich mit der Möglichkeit deines Todes anzufreunden wird dich zu einem besseren Menschen machen. Der Tod ist der wichtigste Teil des Lebens, ob wir es wollen oder nicht.

Und auch das wird vorbeigehen.

Gute Vorsätze

_____ **SEIT LETZTEM JAHR** hatte ich nichts mehr von ihr gehört. Mittlerweile haben wir nur noch an Geburts- und Feiertagen Kontakt. Über zehn Jahre lang war sie die Leiterin der Buchhaltung meiner Firma. Liebenswürdig, konsequent, ehrlich und fleißig. Zu den Leuten aus meiner Firma habe ich immer noch ein sehr herzliches Verhältnis. Achtzehn Jahre lang waren sie meine Familie und werden es immer bleiben. Als Unternehmer habe ich ziemlich viele Fehler gemacht. Doch eines würde ich wieder genauso machen: dass ich und diese Leute eine Familie waren. Achtzehn Jahre lang verbanden uns Liebe und Freundlichkeit, Hilfsbereitschaft und Vertrauen.

Sie taten alles für die Firma. Sie fühlten mit dem Laden mit, als wäre es ihr eigener, und noch viel mehr. Das Klima ist in jedem Unternehmen das Allerwichtigste. Ob es nun Eisenteile herstellt oder Zahnstocher. Es ist der Untergrund. Wenn der Untergrund nicht reichhaltig ist, kann nichts darauf fruchten. Es mangelt uns nicht an guten Arbeitnehmern. Es mangelt uns an guten Führungskräften. Unternehmen sind Menschen, und wenn man die Menschen nicht versteht, kann man auch die Unternehmen nicht verstehen.

Ich joggte also abends am Strand, als Eleni anrief, um mir alles Gute zum Geburtstag zu wünschen. Eleni gehört nicht zu den sportlichsten Typen. Aber sie geht gern schwimmen. Wir waren schon mal zusammen schwimmen. Vor einer Stunde kommt sie nicht aus dem Wasser.

»Ich hatte dieses Jahr einen ganz schönen Sommer, Stefanos. Ich war oft beim Schwimmen. Ich habe vor, auch im Winter damit weiterzumachen.« (Wir telefonierten Ende Oktober.)

Wenn ich solche Worte höre, bekomme ich Pickel.

»*Was* wirst du tun, liebe Eleni? Entschuldigung, ich habe es nicht gehört.« (Scheinfrage.)

»Ich habe vor, dieses Jahr schwimmen zu gehen.«

»Nimm es dir nicht vor, liebe Eleni, sondern geh schwimmen. Sich etwas vorzunehmen ist eine Sache, es zu tun eine andere. Das ist ein Unterschied wie Tag und Nacht.«

Lange Pause am anderen Ende der Leitung.

»Du hast Recht. Ich werde es tun.«

> Im Leben tust du entweder etwas,
> oder du tust es nicht.

Ein bisschen schwanger gibt es nicht. »Ich nehme mir etwas vor, ich versuche es, ich überlege, ich gebe mir Mühe« und anderer Schwachsinn sind ideale Ausreden, um etwas nicht zu tun. Immer wenn mein Lehrer Antonis »Ich versuche …« hörte, flippte er aus. »Los, versuch doch mal, den Stuhl hochzuheben«, sagte er einmal zu einem Seminarteilnehmer. Der Typ hob ihn hoch. »Nein, ich habe nicht gesagt, du sollst ihn hochheben. Ich habe gesagt, du sollst es versuchen. Los, versuch mal, es zu versuchen.« »Versuchen« bedeutet letztendlich, es nicht zu tun. Es gibt nämlich so etwas wie ein »Gesetz der stetig schwindenden Absicht«. Du gehst irgendwohin und hörst etwas und brennst darauf, es zu tun. Ich meine es gut, wenn ich dir sage: Tu's gleich, denn heute bist du Feuer und Flamme. Morgen schon weniger und übermorgen noch weniger. Bald wird das Essen kalt und ist ungenießbar. Eine Woche später kannst du es nur noch wegwerfen.

Willst du etwas tun?

Dann tu es.

 **Nimm es dir nicht nur vor.**

Der Blumenstrauß

____ **EINE ENGE FREUNDIN** ist sie nicht, aber ich mag sie sehr und schätze sie ganz besonders. Uns verbindet etwas viel Stärkeres, gewiss etwas Unsichtbares und Tiefes. Eleana ist nicht jung und dann doch wieder jung. Graziös, bildhübsch, still und außerordentlich charmant. Ein ätherisches Wesen. Es ist, als ob dieser Mensch über dem Boden schweben würde. Allein ihr Blick ist schon eine zärtliche Berührung, auch wenn sie dich nicht sieht. Ihr Körper ist vital, und ihre Menschlichkeit und ihr Charme sind überbordend. Manchmal frage ich mich, ob sie unter uns oder irgendwo in den Sphären meiner Fantasie weilt.

Gestern hatte ich Geburtstag und erwartete nicht, dass sie mich anrufen würde. Doch von Eleana erwartet man immer etwas Erfreuliches, selbst wenn man es nicht erwartet. Ich konnte nicht abnehmen und schickte ihr eine SMS, dass ich sie am nächsten Tag zurückrufen würde.

Kaum hatte sie abgenommen, war es, als würde Sauerstoff in meinen Hörer dringen. Sauerstoff und Düfte. Erdig und ätherisch zugleich. Als stünde ich an einer Tankstelle, und man würde mir den Tank mit Paradies füllen. Während ich ihr zuhörte, hatte ich Freude an ihr, so wie man sich nach einem schweren Tag über sein Daunenkissen freut. Während unseres Gesprächs waren wir in einer Blase. Schließlich hielt ich es nicht länger aus:

»Du, Eleana, wenn du anrufst, kommt zuerst deine Energie, und erst dann höre ich deine Stimme. Unsere Absicht und unsere Liebe sind das Wichtigste, das wir besitzen. Unsere Energie kommt an erster Stelle und mit Anhang, ob du nun anrufst oder eine SMS oder eine E-Mail schickst. Der Mensch ist ein Säugetier und versteht die Absicht. Er spürt das Gefühl. Er riecht die Energie.«

Ihr gefiel, was sie hörte. Ich hielt meine Worte für fortgeschritten, bis ich hörte, was sie zu sagen hatte. Sie sagte es mit der ihr eigenen einzigartigen Freundlichkeit und ihrer wunderbaren Art zu sprechen:

»Genau, Stefanos. Wie bei Blumensträußen. Früher, als sie sie ins Büro schickten, um mir zu gratulieren, hielten manche tagelang und manche nicht. Irgendwann begriff ich, dass sie die Sträuße, die sich hielten, persönlich für mich ausgesucht hatten. Bei den anderen hatten sie eine dritte Person mit der Lieferung beauftragt. So als hätten sie sie sich ›vom Hals geschafft‹.«

Ich war beeindruckt und verbarg es nicht. Wir beendeten das
Telefonat mit dem Versprechen, uns bald zu treffen.
So ist es, Eleana.

```
          Ein  Blumenstrauß  -
    das  ist  das  Leben.Entweder
  du  liebst  es.  Oder  du  bringst
          es  hinter  dich.
```

Entweder es blüht auf.

Oder es welkt dahin.

Nachgeschmack

_____**ICH WEISS NICHT MEHR,** wo wir vorher wa-
ren. Es ist auch nicht wichtig. Wichtig ist der Film *Green Book –
Eine besondere Freundschaft*, den wir uns gleich danach ansehen wollten.

Ein außergewöhnlicher Film. Die seltsame Beziehung zwischen
zwei völlig verschiedenen Menschen. Die Magie des Lebens,
die ihre eigene Art hat, um uns zu drechseln, damit wir zu dem
werden, was wir werden müssen. Die Liebe ist eine magische
Drehbank. Die magischste.

Meine Freundin und ich überlegten, vor dem Film noch einen
italienischen Snack einzuschieben. Es war gleich neben dem

Kino, wir hatten Hunger, und es ging sich zeitlich noch aus. Wir verabredeten uns draußen und gingen gemeinsam hinein. Eine Pizza Margherita und ein Salat waren das perfekte leichte Abendessen. Vor allem für mich, der ich die Eigenart habe, im Kino einzuschlafen. Die überaus freundliche Bedienung war die perfekte Würze in unserem Essen. Zum Schluss bat ich sie auch um die übrig gebliebenen Brotstückchen für die Tauben und die Fische am nächsten Morgen. Brot darf man nicht wegwerfen, sagte man einst. Früher hätte ich mich geschämt, danach zu fragen, heute nicht mehr.

Gut gelaunt verließen wir das Restaurant, in der Hand eine schöne Papiertüte mit den Brotresten. Der liebenswürdige Geschäftsführer verließ seinen Platz und kam rasch her, um uns noch hinauszubegleiten. Er wartete an der Tür, öffnete sie und verabschiedete sich sehr freundlich von uns: »Vielen Dank!«

In diesem Moment verstand ich nicht, was passiert war. Doch je weiter ich mich entfernte, desto stärker wurde das Gefühl. Der Mann hatte etwas Wunderbares getan. Etwas Einfaches und zugleich Wunderbares. Er war überhaupt nicht dazu verpflichtet. Es hätte uns nicht gefehlt. Und trotzdem tat er es. Es war das Tüpfelchen auf dem i. Das, war unser Erlebnis noch einzigartiger machte.

»Nachgeschmack« nennt es meine Therapeutin. Es ist der Geschmack am Gaumen, der sich entfaltet, wenn der Bissen unten ist. Es ist das ideale Nachwort zu einer schönen Geschichte. Es ist das, was du nachher spürst. Das, was bestimmt, wie du dich nachher fühlst. Es ist die Geschenkverpackung. Das, was auch das Geschenk ausmacht. Nachgeschmack ist, wenn du deinem Kunden beim Hinausgehen die Tür aufhältst, Nachgeschmack ist, deinen Freund nach einem herzlichen Treffen fest zu umarmen; Nachgeschmack ist, um Entschuldigung zu bitten, wenn es nötig ist; Nachgeschmack ist, kurz bevor die Ampel umspringt, dem, der es braucht, ein bisschen Geld zu geben.

Nachgeschmack ist, wenn du die Liebe deines Lebens nach spitzenmäßigem Sex den ganzen Abend im Arm hältst.

Im Volksmund heißt es: »Gut begonnen ist halb gewonnen.« Warum sollte nicht auch das Ende, so wie der Beginn, die andere Hälfte sein?
Hey, Moment mal, eine Hälfte hier, eine Hälfte dort – zusammen mit dem Hauptteil kommt am Ende mehr als eins dabei heraus.

Stört dich das?

Panajotis

——**EIN HOCH AUFGESCHOSSENER** Bursche. Um die dreizehn. Einer von denen, die gewöhnlich Anführer ihrer Clique sind. Doch ohne dass sie es eingefordert haben. Einer von denen, die es sich verdient haben.

Seine Ferse hing über dem Rand der Mole. Seine Fußspitze zeigte nach innen. Der Fuß halb draußen, halb drinnen. Der Rücken dem Meer zugewandt. Gleich würde er eine Arschbombe rückwärts machen. Selbst ich, der nicht so schnell ängstlich wird, bekam Angst. Er musste sich mit den Füßen kräftig von der Mole abstoßen und dann mit der Drehung beginnen, um nicht mit dem Kopf auf der Mole aufzuschlagen.

Der Junge konzentrierte sich. Wie ein Erwachsener. Er ließ sich Zeit. Etwas weiter weg schwamm sein Vater. Er kam näher und passte auf ihn auf. Bestimmt war er besorgt. Vielleicht versuchte er, es zu verbergen oder zu überspielen. Jedenfalls ließ er es sich nicht anmerken.

»Los! Auf geht's, Panajotis!«, rief er ihm irgendwann zu, so wie man seinen Lieblingsbasketballer anfeuern würde, der sich am kritischsten Punkt des Wettkampfs in Position bringt, um einen Korbwurf zu machen. Als wäre es der Startschuss gewesen, auf den der Junge gewartet hatte. In Sekundenschnelle führte er den Sprung in tadelloser Haltung und mit Leichtigkeit aus.

Ich atmete erleichtert auf. Panajotis ebenfalls. Sein Vater bestimmt auch. Und alle, die dabei waren, glaube ich.

Schüchtern, aber auch mit dem Siegerlächeln, stieg Panajotis die Stufen des Anlegers hoch. Auch seine Freunde bejubelten ihn. Man sah es ihren Blicken an. Panajotis hatte es nicht getan, um sie zu beeindrucken. Und doch hatte er sie beeindruckt.

Kurz darauf stieg auch sein Vater über die Treppe aus dem Wasser und umarmte ihn. Ich bewunderte ihn. Auch er ein guter Typ. Er hätte tausend Gründe gehabt, seinen Sohn nicht springen zu lassen. Und doch hatte er sich aus einem Grund entschieden, ihn springen zu lassen und obendrein noch zu ermutigen. Bestimmt hatte er es sich innerlich verkniffen, um ihm nicht die Flügel zu stutzen. Damit Panajotis das Siegesgefühl, dieses einzigartige Gefühl, spüren konnte.

Das ist die Rolle von Eltern:
ihre Kinder dabei zu
unterstützen, die Flügel
auszubreiten, und nicht,
sie daran zu hindern.

Sie zu ermutigen, statt ihnen Angst einzuflößen.

Sie abheben zu lassen und nicht auf den Boden der Tatsachen zurückzuholen.

Ihnen beizubringen zu leben, statt zu überleben.

Applaus für Panajotis und seine Arschbombe.

Applaus auch für seinen Papa.

Applaus für alle Eltern.

Die tausend Gründe haben, ihre Kinder auszubremsen.

**Und die sich trotzdem dafür entscheiden,
ihnen Mut zu machen.**

Wir werden alle sterben

____**IRGENDWANN WERDE ICH** einen Führer über die Athener Garküchen schreiben. Die meisten habe ich wahrscheinlich schon besucht. Gute Hausmannskost, das alte Athen, interessante Menschen und immer irgendein Thema, eine Geschichte.

Neulich aß ich in einer Garküche im Stadtzentrum, und ein leerer Tisch trennte mich von meinen Tischnachbarn. Ich hatte die Ohren gespitzt.

So etwas lasse ich mir nicht entgehen, vor allem, wenn es sich spontan ergibt. Irgendwo in uns drin, im Kopf, haben wir eine Bremse, die uns bremst, wenn etwas nicht angemessen ist. Kinder haben so etwas nicht. Deshalb sind sie auch fröhlich.

Ich saß also zwei Tische weiter entfernt. Die Frau war ein bisschen eine Giftnudel, negative Gefühle, gedrückte Stimmung und ausgeprägte Gesichtszüge, die auf Beunruhigung und Probleme schließen ließen. An den Gesichtszügen kann man ablesen, wie der andere sein Leben lebt. Von einem bestimmten Moment an ätzen sich Freude und Traurigkeit ins Gesicht ein wie ein Tattoo. Der Mann neben ihr war fröhlich. Sie hingegen nörgelte ständig herum, ihr Gesicht verkniffen, genau wie ihr Körper, ihre Existenz. Nicht von ungefähr haben viele dieser Menschen gesundheitliche Probleme. Den Grund dafür suchen sie außerhalb, aber er liegt in ihnen. Alles liegt in uns.

Irgendwann musste die Frau ihn wohl in die Enge getrieben haben. Doch er nahm kein Blatt vor den Mund. Mit einer Aufrichtigkeit, aber auch Lockerheit ohnegleichen löste er auch noch die Handbremse und sagte lächelnd, entwaffnend, aber auch genüsslich zu ihr:

»Wir werden alle irgendwann sterben.«

Er ließ ihr keine Wahl. Verblüfft saß sie da und sah ihn an. Ohne Widerrede. Ich wiederum dachte noch eine Weile über das nach, was ich gehört hatte. Der Typ hatte völlig Recht. Wir machen uns Sorgen um Dinge, die zu 90 Prozent nie geschehen werden. Statt unsere eigenen Gewichte zu stemmen, stemmen wir auch die von allen anderen. Dann kommen das Geschwätz und die Sorgen im Kopf dazu und machen alles noch schlimmer. Dabei ist das Leben einfach. Es ist nicht immer leicht, aber es ist einfach. Wir kommen hierher, um uns weiterzuentwickeln, aus unseren Fehlern zu lernen (das sind zwei verschiedene Dinge) und um zu lieben. Wir kommen, um die Welt besser zu hinterlassen, als wir sie vorgefunden haben.

Und wenn du die Welt besser zurücklässt, als du sie vorgefunden hast, lässt du immer auch dich selbst besser zurück.

> Wir nehmen das Leben
> sehr ernst.
> Und uns selbst auch.

Ernster als nötig.

Unterhalten sich zwei Premierminister. Da kommt brüllend ein Mitarbeiter des ersten herein. Er ist außer sich und schreit herum. Der Premierminister bittet ihn herzukommen. Besonnen und ruhig erinnert er ihn mit leiser Stimme daran: »Vergiss nicht Regel Nummer sechs.«

Sofort glättet sich das Gesicht des Mannes und er selbst auch, er lächelt und geht. Kurz darauf dieselbe Szene mit einem anderen Mitarbeiter. Auch dieser kommt rasend und brüllend herein. Ruhig ermahnt ihn der Premierminister: »Vergiss nicht Regel Nummer sechs.« Beim zweiten dasselbe in Grün. Verwandlung, Ruhe, Lächeln.

Der andere Premierminister kommt aus dem Staunen nicht heraus. Hingerissen beobachtet er das Ganze. Schließlich kann er sich nicht mehr beherrschen:

»Sag mal, was ist das denn eigentlich, diese Regel Nummer sechs?«

»Nimm dich nicht so ernst«, antwortet der andere lächelnd.

»Und die anderen fünf?«

Die gibt es nicht.

Die Fliege

____ **ICH LIEBE YOGA.** Seit zwanzig Jahren hilft mir diese Wissenschaft, meinen Körper kennenzulernen, richtig zu atmen, bewusster zu werden und mit geschlossenen Augen in mein Innerstes einzutauchen.

Sie hilft mir, mich zu verbinden. Nicht von ungefähr bedeutet Yoga »Verbindung«.

Den letzten Teil der Yogastunde, die Entspannung, mag ich am liebsten. Die ersten 75 Minuten bewegen wir uns, machen Atem- und Koordinationsübungen, aber die letzten 15 Minuten strecken wir uns aus und entspannen uns, während wir den Anweisungen des Lehrers folgen. Wenn ich sage »entspannen«, meine ich auch »entspannen«. Oft mache ich sogar ein Nickerchen.

So auch heute. Ich konnte es kaum erwarten, dass die Endphase mir all meine Spannung nahm und mein gesamtes System reinigte. Ungefähr so müssen sich wohl auch unsere Zähne nach der Reinigung beim Zahnarzt fühlen. Erleichtert und ganz leicht.

Endlich wies der Lehrer uns an, uns für die Entspannung zuzudecken.

Alles klappte wie am Schnürchen, und ich tauchte komplett immer tiefer ab. Anfangs verstand ich nicht. Bald spürte ich sie. Es war eine Fliege, die auf meinem Kopf herumkrabbelte. Zuerst verjagte ich sie. Sie kam wieder. Ich verjagte sie wieder. Sie kam noch einmal. So ging es weiter. Diese Mistfliege ließ mich meine Entspannung nicht genießen. Irgendwann fing ich an, sie zu akzeptieren. Allmählich akzeptierte ich, dass auch die Fliege Teil meiner Entspannung war. Ob ich es wollte oder nicht.

```
   Im Leben wird es immer
      eine Fliege geben.
        Mindestens eine.
       Es geht nur darum,
   was du mit der Fliege machst.
```

Lernst du, mit ihr zu leben, oder nicht? Freundest du dich mit ihr an, oder erklärst du sie zum Feind? Grenzt du dich ab oder nicht? Viele Menschen warten darauf, dass die Fliege verschwindet, damit sie ihr Leben leben können. Und deshalb leben sie es nicht. Neunzig Prozent träumen von einem Leben ohne Fliegen. Zehn Prozent haben gelernt, mit ihnen zu leben. Erst recht, wenn die Fliege ein großartiger Lehrer ist. Eigentlich sollten wir sie für Privatstunden bezahlen.

Wir denken uns also Geschichten für »Ja, ich kann es« aus, das Programm für Selbsterkenntnis für Kinder in der Grundschule, mit dem wir begonnen haben. Eine der schönsten ist »Der König, die Mäuse und der Käse«. Es lebte einmal ein glücklicher König, der Käse über alles liebte. Eines Tages erschienen ein paar Mäuse und stibitzten ihn. Der König berief eine Sondersitzung ein, damit seine Weisen überlegten, was sie mit den Mäusen machen sollten. Einstimmig beschlossen die Weisen, Katzen in den Palast zu bringen. Die Katzen kamen, und die Mäuse verschwanden.

Doch dafür gab es andere Probleme: Die Katzen zerkratzten die Möbel des Palastes und richteten Schäden an. Bei der nächsten Sitzung beschlossen die Weisen, Hunde zu holen. Die Hunde kamen, die Katzen verschwanden, aber wieder gab es neue Probleme. Später kamen Löwen und noch später Elefanten, die um ein Haar den Palast zum Einstürzen gebracht hätten. Die einzige Art und Weise, die Elefanten loszuwerden, war, dass die Mäuse wiederkamen. Bald stand der König wieder an dem Punkt, wo er angefangen hatte.

Schließlich beschloss der König, seinen Käse mit den Mäusen zu teilen. Er lud sie ein, um ihnen Folgendes zu eröffnen:

»Hört mal, Leute. Wir werden eine Vereinbarung treffen. Ich werde lernen, mit euch zu leben, und ihr werdet lernen, mit mir zu leben.«

Und fortan lebten alle glücklich und zufrieden.

Von Gott

___ **RÜCKREISE VON CHIOS,** wo ich mit Mama und meinen Töchtern die Osterferien verbracht habe. Flughafen Athen-Eleftherios Venizelos. Wir steigen in den Flughafenbus. Meine Jüngere schaut sich um. Schnell bleibt ihr Blick an einer Mutter hängen, die ihr Kind im Arm hält. Meine Tochter geht zu ihm hin und spricht es an. Sie fragt es nach seinem Namen. »Johanna«, antwortet die Mutter.

Meine Tochter lächelt also Johanna zu. Auf ganz besondere Weise. Als würden die beiden sich schon kennen. Dann berührt sie sie. Johanna gibt keinen Mucks von sich. Sie sieht aus, als wäre sie hypnotisiert.

Die Blicke der beiden begegnen sich tief. Als würden sie einander in der Luft liebkosen. Die eine lächelt die andere an. Als würden sie ein anderes Signal aussenden. Als würden sie sich in einem anderen Dialekt, in einer anderen Sprache verständigen, die direkt von Herzen kommt. Eine Sprache, die wir Umstehenden nicht verstehen können. Doch es ist eine Sprache, die bezaubert. Die fesselt. Als käme sie von einem anderen Planeten. Ungefähr so wie die Szenen aus dem Film *E.T. – Der Außerirdische*. Meine Tochter streichelt die Kleine, und die lässt es zu. Sie streichelt weiter. Ich überlege, ob ich den Schein wahren und ihr sagen soll, dass man fremde Kinder nicht streichelt. Ich sage es ihr. Meine Worte stoßen auf taube Ohren. Die kleinen Mädchen setzen ihre metaphysische Kommunikation fort. Johanna streckt sich zu meiner Tochter hin und will sie ebenfalls berühren. Sie will sie spüren. Der Zauber hält an. Johannas Mutter und ich beobachten. Nach und nach beobachten auch die anderen die Szene. Das Gefühl gipfelt darin, dass sich die Hände der Mädchen berühren, wie auf dem berühmten Gemälde in der Sixtinischen Kapelle.

Wir sind perplex und sprachlos. Gleich haben wir unser Ziel erreicht: Die Kinder verabschieden sich voneinander. Ihre letzten Blicke bedeuten so etwas wie »Bis bald«. Die Atmosphäre ist wie elektrisiert. Wir verabschieden uns von Johannas Mutter, als würden wir uns schon ewig kennen. Die Kinder haben uns in ihren einzigartigen Geheimcode mit hineingezogen.

Das Ereignis ist vorbei, aber nicht für mich. Es wird in mir immer wieder abgespielt, wie ein Video auf Instagram.

Das Ganze hat nicht länger als eine Minute gedauert, doch ich habe dadurch Lektionen für ein ganzes Leben gelernt.

Unsere Kinder haben uns beigebracht, wie man kommuniziert, wie man liebt, wie man eine Verbindung zueinander herstellt, wie man einen anderen mit dem Körper, doch vor allem mit der Seele berührt, wie man grenzenlos, bedingungslos, uneingeschränkt, ohne Logik liebt.

> Kinder kommen nämlich
> direkt von Gott
> und wissen Bescheid.

Die Begrüßung

_____ **ICH BIN SCHON SEIT JAHREN** geschieden. Meine Töchter sehe ich nicht so oft, wie ich es gern hätte. Alles, was man tut, hat seinen Preis, ob man es sehen will oder nicht. Doch wenn man es sieht, akzeptiert man es leichter. Sieht man es nicht, sind die anderen schuld. Es ist wunderbar, wenn die anderen nicht schuld sind. Das macht das Leben leichter.

Morgens, wenn ich in Vouliagmeni beim Joggen bin, fährt ihr Schulbus an mir vorbei. Ich habe es so eingerichtet, dass ich genau um diese Zeit joggen gehe, damit ich die beiden begrüßen kann. Auch das hat seinen Preis. Ich gehe lieber kurz vor Tagesanbruch joggen, aber noch lieber begrüße ich meine Mädchen, auch wenn es nicht meine Lieblingzeit ist. Wenn du tust, was du liebst, sind alle Zeiten deine Lieblingszeiten.

So auch heute. Der erste Schulbus war nicht unserer, aber der zweite. Eine andere Fahrzeugmarke, und der Fahrer war Argiris. Einer der fröhlichsten Menschen, die ich kenne. Es ist, als wäre sein Lächeln so ein Laser, wie wir ihn als Kinder hatten. Einer, der bis zu den Sternen reicht.

Als der hintere Teil des Schulbusses in Sicht kam, fingen die Mädchen und ihre beste Freundin Zoë in der hinteren und vorletzten Sitzreihe an, wie wild zu winken. Noch viel mehr jubelte aber ich. Ich hüpfte vor Freude, als hätte ich eine Olympiamedaille gewonnen. Ich hüpfte, bis ich den Bus aus den Augen verlor.

So war ich nicht immer.

All diese Jahre habe ich viel gearbeitet und tue das weiterhin.

Ich lernte, mit einfachen Regeln zu leben. Regeln, die ich selbst bestimme.

Ich lernte, dass Reichtum nicht bedeutet, viel zu besitzen, sondern mit wenig auszukommen.

Ich hatte es nicht einfach. Ich habe eine Scheidung durchlebt, bekam Depressionen, wurde krank, erlitt finanziellen Schiffbruch, meine Firma ging bankrott, und ich verlor meinen Vater. Doch ich habe gelernt, mich auf das Gute zu fokussieren. Auf das, was ich habe. Auf das, was ich beeinflussen kann.

Ich lernte zu schätzen, dass ich laufen kann, dass ich sehen kann, dass ich mit meinen Händen greifen kann. Das reicht mir zum Glücklichsein.

Ich habe Freunde, die nicht laufen, nicht sehen und mit ihren Händen nichts greifen können, aber sie sind fröhlicher als ich.

Ich habe gelernt, dass Freude eine Sache der inneren Einstellung ist.

Ich habe gelernt, um etwas zu bitten, das Beste zu fordern, für meinen Traum zu arbeiten.

```
Natürlich will ich mehr.
Aber ich brauche es nicht.
```

Ich komme auch ohne es aus.

Eine Begrüßung reicht, und mein Tag ist gerettet.

Fahren wir nach unten?

____ **GEDANKENVERLOREN FUHR ICH** mit dem
Aufzug nach unten. Irgendwann blieb er stehen. Zuerst achtete
ich nicht darauf. Doch ihre Energie ließ mir keine andere Wahl.
»Fahren wir nach unten?« (Intensives, hübsches Lächeln.)
Ich brauchte ein, zwei Sekunden.
»Ja.« (Mein Lächeln war nur ein Bruchteil ihres Lächelns.)
Die junge Frau lächelte immer noch. Aufrichtig, nicht aus Ver-
legenheit.
Die erste Person Plural (»wir«) war der Trumpf im Ärmel, mit
dem sie die Partie schon von der ersten Sekunde an für sich ent-
schieden hatte. Sie war eine frische Brise, sie war ein Lüftchen,

sie war ein Blumenbouquet. Mit ihrem »Guten Tag« gehörte ich schon zu ihren Freunden, wenn auch nur kurz. Es herrschte Einheit, Liebe, Fürsorglichkeit. Es herrschte Schönheit. Das alles dachte ich in zehn Sekunden nicht, aber ich fühlte es. Das und noch viel mehr.

Mal ehrlich, wie viel kannst du in zehn Sekunden fühlen? So viel du willst.

Wie viele Pixel hat ein Bild, wenn du es ausdruckst? So viele, wie du entschieden hast. So stark oder so schwach aufgelöst, wie du es gut findest. Beschwer dich aber nicht, wenn dein Bild blass ist. *Du* hast die Pixelanzahl festgelegt. Es wird uns nicht beigebracht, mit kräftigen Farben zu drucken, vor allem uns Männern nicht. Und doch ist das die Essenz des Lebens.

Ein Leben ohne Gefühl ist verblichen, tot. Es stellt kein Bild dar. Der Drucker ist das Herz. Dort wird alles gedruckt.

Lächelnd stand sie neben mir. Ihr Lächeln war echt, nicht gekünstelt. Als würden wir uns schon eine Weile kennen. Ich fuhr also mit meiner neuen Freundin im Aufzug nach unten. Wie kleine Kinder, die mühelos Freundschaften schließen. Irgendwann waren wir im Erdgeschoss. Sie öffnete mir die Tür zum Aussteigen. Wie ein Kind lächelte sie mich an und sah mir in die Augen.

»Machen Sie's gut!« Wie ein Kumpel. Als befänden wir uns auf einer fünftägigen Klassenfahrt. Ich weiß nicht, wie ich's sagen soll, aber es war sehr schön und gab mir ein super Gefühl.

Ich lächelte ihr zu, und wir verabschiedeten uns. Kurz danach traf sie auf die Pförtnerin.

Wieder das Gleiche: »Wie geht's uns?«, und sie schenkte ihr ein Lächeln, das die Pförtnerin erwiderte.

Dann öffnete meine neue Freundin die Tür und wartete auf mich. Ich ging etwas schneller. Wir brauchten nicht mehr zu sprechen. Das übernahmen unsere Augen. Erneutes Lächeln.

Das Ganze dauerte allerhöchstens eine Minute, und doch beinhaltete diese Minute alles: Gemeinsamkeit, Liebe, Respekt, Verbundenheit, Lächeln, Herzlichkeit, Schönheit.

Wie bei den Modelleisenbahnen, mit denen wir als Kinder spielten. Jeder Waggon war mit etwas beladen. Ganz wenig. Dieser Wagen, hätte man meinen können, war mit Gold beladen. Und wenn es nur fünf Gramm waren.

> Wäre es nicht schön,
> wenn jede Minute
> deines Lebens fünf Gramm
> Liebe mit sich brächte?

Am Ende des Tages hättest du eine Tonne gesammelt. Am Ende deines Lebens die ganze Liebe der Welt.
Wie lang hat das Ganze gedauert?
Wenn's hochkommt, eine Minute.

Eine Minute, in der das ganze Leben Platz fand.

Die Verfeinerung

_____ **SO NENNT MAN DAS WÜRZEN.** Wenn man eine Speise verfeinert, würzt man sie. Man fügt Salz, Pfeffer und Gewürze hinzu. Man macht sie schmackhaft. Als würde man sie ankleiden. Sonst ist sie nackt. Geschmacklos.

Ich bin in Thessaloniki zu Vorträgen und bringe mein Mietauto zurück. Ich verständige mich mit der netten Angestellten. In einer kurzen Gesprächspause kommt ein Kunde herein und begrüßt die junge Frau formell.

»Guten Tag!« (Als hätte sie _nicht_ guten Tag gesagt.)

»Guten Tag!« (Dasselbe in Grün.)

»Ich habe einen X für drei Tage gemietet.«

»Ausweis und Führerschein.«

Der Mann gibt sie ihr. Er füllt ein Kontaktformular aus. Ich beobachte die beiden. Keinerlei menschlicher Kontakt. Als befände sich zwischen ihnen diese Panzerglasscheibe im Gefängnis, die dich während der Besuchszeiten von deiner Liebsten trennt. Ohne Salz, ohne Pfeffer. Fade.

Zwei Tage vorher, im Hotel. Mittagszeit. Als Snack bestelle ich mir Salat aufs Zimmer. Es klopft an der Tür. Die lächelnde Angestellte platzt herein. Fröhlich und gut gelaunt. Man spürt sie überall.

»Wo soll ich ihn hinstellen?«

»Hier, bitte. Vielen Dank.«

»Guten Appetit. Wenn Sie fertig sind, können Sie ihn draußen hinstellen und die Eins anrufen, dann räumen wir ihn weg.« Volle Ladung Gefühl.

Nach einiger Zeit rufe ich an.

Dieselbe Mitarbeiterin ist dran.

»Danke schön. Ich habe den Teller draußen vors Zimmer gestellt.«

»Hat er Ihnen geschmeckt?«

»Wie bitte?«

»Der Salat. Hat er Ihnen geschmeckt?«

»Sehr gut. Danke.« Ein Lächeln überflutet mein Gesicht. Aber noch mehr mein Inneres.

So ein Kontakt ist schön, er ist gehaltvoll. Er enthält Salz und Pfeffer. Er enthält Basilikum und Minze. Du isst eine Tomate, und der Duft der Kräuter überflutet dich. Es gibt nichts Schöneres als die Liebe. Lächeln, eine Verbindung herstellen, Berührungen, Empfindungen, Erfahrungen mit anderen teilen.

Liebe ist
die beste Würze.

Die schönste Verfeinerung in deinem Leben, aber auch im Leben der anderen. Beides gehört zusammen. So wie Topf und Deckel. Sie bilden eine Einheit. Aber wir trennen sie oft in zwei Teile. Tags darauf kommen meine Mama und ich von Thessaloniki zurück. Oft nehme ich sie auf meinen Reisen und zu meinen Vorträgen mit. Das gefällt ihr sehr. Wir landen auf dem Flughafen Athen-Eleftherios Venizelos, verlassen den Flieger und steigen in den Bus. Wenige Sekunden später kommt ein betagtes Pärchen auf uns zu. Ein junger Bursche sitzt gegenüber von meiner Mutter und spielt mit seinem Handy. Sein Vater nickt ihm freundlich zu. Der Bursche steht auf und macht seinen Platz frei. Der Herr wiederum überlässt ihn seiner Frau, die erschöpfter ist. Er lächelt dem jungen Burschen zu, aber noch mehr seiner Partnerin. Dann sagt er zu ihr:

»Komm, Kyra Chariklia. Der junge Mann hat dir seinen Platz überlassen.«

Es ist nur ein Satz, und doch enthält er alles.

Herzlichkeit und Schönheit. Lächeln und Zärtlichkeit. Fürsorglichkeit und Liebe. So soll mein Leben von nun an sein.

Gut gewürzt und verfeinert.

Call me by your name

———— **ES WAR NICHT ALLEIN** die überraschende Interpretation des kleinen Jungen, auch nicht die im ganzen Film allgegenwärtige Sentimentalität, auch nicht die Gefühle, die überall hervorquollen, oder die fantastische Musik. Für mich war es vor allem die Haltung seiner Eltern während des gesamten Films. Dass sie die Entscheidungen ihres Kindes voll unterstützten. Der Höhepunkt waren die Worte seines Vaters am Schluss. Luftlinie von Herz zu Herz.

Unsere Kinder gehören nicht uns. Sie gehören nur sich selbst. Dass wir sie so großziehen, wie wir selber großgezogen wurden, nämlich als ferngesteuerte Wesen, steht auf einem anderen Blatt und ist zugleich der Ursprung der meisten Übel. Die Entscheidungen eines jeden Menschen in Bezug auf Sexualität, Persönlichkeit, Beruf und so weiter sind ausschließlich dessen Angelegenheit. Das, was wir männlichen Wesen für kernig halten – nämlich Menschen, die Makel haben, zu demütigen –, ist der größte Schwachsinn auf der Welt, der offenkundige Beweis dafür, dass wir selbst den größten Makel haben, und zwar im Hirn, an der Wurzel von allem.

Man wird nicht stark, indem man andere niedermacht.

Dass du dich gewaltsam ins Leben deines Kindes drängst und es herumkommandierst, ist Misshandlung. Es ist Gewalt. Was seine Kleidung, seine Freunde, seinen Musikgeschmack, seinen Unterricht, seine Vorlieben angeht. Wenn's nach mir ginge, müsste das strafrechtlich verfolgt werden. Widerrechtliche Aneignung von fremdem Eigentum. Ein grober Eingriff in sein Leben. Zum Glück habe ich nicht so viel Ahnung von Jura.

In unseren Gesellschaften gibt es haufenweise »Erwachsene«, die nicht auf eigenen Füßen stehen, die keinen Weitblick haben, keine Entscheidungen treffen können, die keinen Mut zum Risiko besitzen, die sich selbst nicht gut finden, die ihr Leben für ein Like verpfänden, die nicht wissen, was zum Teufel sie auf dieser Welt machen sollen. Aus meiner Sicht kommt alles daher, dass die meisten von uns Männern an Mamas Schürzenzipfel groß geworden sind und die meisten Mädchen mit der Muttermilch aufgesogen haben, dass sie das verbrecherische Besitzdenken und die Kontrolle über ihre Kinder weiterverbreiten.

Gestern aßen meine Töchter und ich neben einem Tisch, an dem fünf Damen saßen, die mehr Geld ausgaben, als sie vermutlich hatten. Wie damals in den Achtzigerjahren in Griechenland, als

man den Wasserhahn aufdrehte und statt Wasser Geld heraus-
sprudelte. Ich spitzte die Ohren.

»Wenn ich ein Kind hätte«, hörte ich eine sagen, »würde ich es
direkt ins Ausland schicken, damit es aus diesem Schlamassel
wegkommt. Ich würde ihm keine Alternative lassen.«

»Ich habe ihm keine Wahl gelassen«, sagte die andere. »Besser, es vergisst, dass es eine Mutter hat, statt in dieser Gosse zu
bleiben.«

»Papa, spielen wir noch eine Runde ›Galgenmännchen‹?«, holten meine Töchter mich wieder zurück.

Danke, Mädchen.

Ihr habt mich erlöst!

Philipp

_____ **ES IST NICHT GERADE DEINE** Lieblings-
beschäftigung, einen Flug zu verpassen, könnte ich mir vorstellen. Meine auch nicht. Der erste hatte Verspätung, und den An-
schlussflug erreichte ich nicht mehr, und so lief es darauf hinaus,
dass ich zehn Stunden am Münchner Flughafen warten musste.
Wenn man nichts anderes tun kann, entspannt man sich und genießt es. Wenn man sowohl seine Bücher als auch seinen Com-
puter dabeihat, ist es auch leicht.

Irgendwann wollte ich eine Kleinigkeit essen. Ich bestellte etwas
und setzte mich an den Tisch. Es war viel los. Aus den Augenwinkeln sah ich ihn, tat aber zuerst so, als würde ich ihn nicht

sehen. Wahrscheinlich wollte er sich zu mir an den Tisch setzen. Irgendwann beugte er sich herunter und bat mich höflich darum. Ich tat, als sei ich überrascht, und nickte ihm »Ja« zu. Hochaufgeschossen, ernst, ein typischer Deutscher, er hatte dasselbe Essen genommen wie ich. Wasser hatte er aus irgendeinem Grund nicht gekauft. Aber ich hatte welches. Ich ging an die Bar und bat um ein zweites leeres Glas. Das stellte ich vor ihn hin und schenkte ihm von meinem Wasser ein. Er war überrascht. Sein Gesicht strahlte wie bei einem Kind, dem man sein Lieblingsbonbon gibt. Sogleich war das Eis gebrochen. Sein Gesichtsausdruck wurde milder, und er fing ein Gespräch mit mir an. Über Berlin, wo er lebte, und die Schönheiten dieser Stadt, über Griechenland, wo er kürzlich gewesen war, über seine Arbeit. Auch ich erzählte ihm von mir. Danach stellten wir uns vor. Er hieß Philipp.

Es ist nun schon Jahre so, dass ich mein Leben nach meinen Regeln lebe. Dass *ich* meine Entscheidungen treffe. Direkt aus dem Herzen. Mit anderen etwas zu teilen inspiriert mich und bereitet mir Freude. Große Freude. Du kannst mit anderen Wasser, Zigaretten, ein Lächeln, gute Wünsche und Gesten teilen. In mir gibt es immer auch diesen kleinen Miesepeter, der ständig in Verweigerungshaltung ist. Früher galt seine Meinung. Jetzt nicht mehr. Ich lasse den Miesepeter sein Sprüchlein aufsagen, denn wenn er es nicht aufsagen darf, wird er noch unerträglicher. Mittlerweile höre ich mir seine dummen Sprüche an, und wir amüsieren uns beide. Manchmal lacht sogar er.

Inzwischen amüsiere ich mich auch mit den anderen, bei denen der Lautsprecher des Miesepeters lauter eingestellt ist, als gut wäre. Ich bin ihnen nicht böse. Bei mir war es früher auch so.

Ich mache mir nur Sorgen um sie, weil ihnen die schönen Dinge entgehen. Bei mir war das auch so, und deshalb beeile ich mich heute, um nichts mehr zu verpassen.

Alles, was ich teile,
gibt mir der liebe Gott
zehnfach zurück.

Irgendwann musste Philipp gehen. Er drückte meine Hand, bedankte sich für das schöne Gespräch und strahlte übers ganze Gesicht. Er wünschte mir ein frohes Weihnachtsfest, vielleicht eines der besten, die mir je gewünscht wurden. Irgendwann trennten wir uns. Ich schätze, dass auch er die Geschichte jetzt ein paar Kumpels erzählen wird.

Ich schlenderte auf dem Gang der Halle hin und her, da mein Flug Verspätung hatte. Irgendwann spürte ich von hinten eine Hand auf meiner Schulter.

»Bye, Stefanos!« Er nickte mir zu und lächelte, während er an mir vorbeihastete.

Wenn du mich fragst, ob ich jetzt noch etwas anderes vom Leben will, werde ich dir »Nein« antworten.

Ich habe alles.

Das Signalhorn

_____ **SO NANNTE MAN FRÜHER** die Autohupe. Manche älteren Leute sagen dazu auch heute noch so, glaube ich. Ich war also unterwegs zu einem frühen Termin in der Schule von Ilioupolis wegen »Ja, ich kann es«, des Programms für Selbsterkenntnis für Kinder in der Grundschule.

Ich musste durch Argiroupolis fahren. Die Ampel schaltete auf Grün. An dieser Kreuzung trafen sich die Autos aus der einen Richtung mit denen aus der anderen. Ein Lkw, der hochfuhr, wollte links abbiegen. Die Ampel sprang auf Orange. Der arme Kerl musste ein paar Sekunden warten, bis die entgegenkommenden Autos die Fahrbahn freigegeben hatten. Der hinter ihm hupte. Hartnäckig und wütend. Als würde seine Hupe klemmen. Irgendwann kam er in mein Blickfeld, und ich sah seinen Gesichtsausdruck. Genauso stur und wütend wie das Gehupe. Als wollte er seine angestauten Gefühle an der Hupe abreagieren. Als wäre die Hupe sein Boxsack.

Irgendwann war das Ganze zu Ende, und beide fuhren weiter. Der zweite natürlich hupend.

Auch ich fuhr weiter und lächelte dabei. Ich lächelte, weil mir bewusst geworden war, wie sehr der Typ sich selbst geschadet hatte. Seinem Tag, seiner Inspiration, seiner Laune, seiner Existenz, seinem Innenleben. Als würdest du das Spiel mit einem schwungvollen Eigentor beginnen. Nicht mit einem, sondern mit dreien. Als würdest du das Spiel mit 0:3 beginnen. Und müsstest mindestens drei Tore schießen, um den Ausgleich zu erzielen. Und hättest überhaupt keine Lust, sie zu schießen. Jegliche Lust wäre dir von allein vergangen.

Mal angenommen, der Autofahrer vor dir war abgelenkt und spielte an der Ampel mit seinem Handy herum. Spiel ihm einen Pass zu, hupe einmal, um ihn wachzurütteln. Aber nicht, um dich abzureagieren.

Wir können keine Entscheidungen treffen. Wir handeln hastig, wütend, impulsiv, mechanisch, nebenbei. Oft aus Rachsucht. Auf jeden Fall unreif. Wir denken nicht nach, bevor wir den Mund aufmachen, wie man früher sagte.

Und doch besteht unser Leben aus Entscheidungen. Auch den unwichtigsten. Zumal es keine unwichtigen Entscheidungen gibt. Die unwichtigen sind die wichtigen.

Deine Energie
ist wichtiger als
dein Curriculum Vitae.

Wichtiger als deine Fähigkeiten, deine Talente, dein IQ. Deine Energie ist es, die dein ganzes Leben ausmacht. Deine Beziehung mit dir selbst ist wichtiger als dein Leben. Warum? Weil die Qualität deines Lebens die Qualität deiner Beziehung mit dir selbst ist.

Der Dichter Jannis Ritsos hat es so ausgedrückt:

**»Wir selbst verschleißen uns mehr,
als dass uns die Ereignisse
und die Zeit verschleißen.«**

Die Rückhand

____IHR NAME SPIELT KEINE ROLLE. Sie ist mit sich im Reinen. Sie hat viel an ihrem Inneren gearbeitet. Und es liegt noch viel Arbeit vor ihr. So wie vor uns allen.

Vor einiger Zeit erzählte sie mir von ihrem Exmann. Sie führten einen Rechtsstreit wegen irgendwelcher Erbangelegenheiten. Irgendwann wurden auch ihre Kinder hineingezogen. Zum Glück waren sie volljährig. Nach den Worten meiner Freundin machte ihr Ex ihnen das Leben schwer. Etwas später vermietete meine Freundin ihr Landhaus. Anfangs machten die Mieter auf sie einen guten Eindruck. Dann fingen die Probleme an. Irgendwann war meine Freundin gezwungen, die Polizei zu rufen. Ein unerträglicher Sturm, um nicht zu sagen Taifun. Neulich erzählte sie mir, dass Vandalen an ihrem Landhaus gewesen waren. Sie hatten Fensterscheiben eingeschlagen und Schäden angerichtet. Letzter Stand der Dinge ist, dass sie ein Paar einschaltete, das auf das Haus aufpassen und hier und da Arbeiten erledigen sollte. Die beiden gefielen ihr nicht besonders. Vor allem die Frau nicht. Trotzdem tat sie es. Am Ende kam es auch hier zum Äußersten. Sie müssen sich in die Wolle gekriegt haben. Ich beobachtete und sagte nichts.

»Hör mal«, meinte ich zum Schluss, »es kommt mir so vor, als hätten alle Geschichten etwas gemeinsam.«

»Was denn?«

»Alle wollen dich aus irgendeinem Grund übers Ohr hauen, um nicht zu sagen: dir eins reinwürgen, oder bilde ich mir das ein?«

»Es ist so. Und was soll ich machen?«

»Verändere dein Inneres. Aus irgendeinem Grund bist du im Moment das perfekte Opfer. Menschen sind Säugetiere. Sie riechen Energie. Ein Tiger wird dich wittern und sich auf dich stürzen. Früher hätte er sich auch auf mich gestürzt. Ich habe im Lauf der Zeit meinen Geruch verändert.«

Wir sind hier, um ein paar Lektionen zu lernen.

Jeder wird an seiner
Achillesferse geprüft.

Da, wo er verwundbar ist. Und solange er sich nicht auf irgendeine magische, aber zugleich auch quälende Weise verbessert, landen alle Pfeile dort. Wie ein Magnet. Zuerst sind wir wütend, schieben es auf die anderen, erfinden Ausreden und anderen Blödsinn. Bis wir die Verantwortung für unser Leben übernehmen. Erst dann sind wir volljährig. Nicht schon mit achtzehn.

Meine große Liebe ist Squash. Man könnte auch Zimmertennis dazu sagen. Ich spiele schon seit Jahren. Ich weiß noch, dass meine Rückhand früher schlecht war, das heißt, wenn der Ball von links kam (ich bin Rechtshänder). Nun ja, alle Bälle kamen dorthin. Auch mein Trainer schickte sie mir dorthin. Anfangs wurde ich wütend. Später verstand ich es.

Heute bin ich ihm dankbar dafür.

Ich habe meine Rückhand verbessert.

Ich glaube, auch mein Leben.

Der Nachtfalter (Teil 2)[1]

_____ **WENN DIE MÄDCHEN BEI MIR SIND,** stellen wir gewöhnlich das Haus auf den Kopf. Die Küche muss zuerst dran glauben. Aufeinandergestapelte Teller im Spülbecken, daneben Gläser mit Wasser, Krümel am Boden. Ich glaube, wenn wir schlafen gehen, feiern die kleinen Tiere im Haus ein Fest. Mäuse, Ameisen, Schmetterlinge geben die Parole zum Feiern aus.

An jenem Abend also erzählten wir uns unsere Märchen, umarmten uns wie immer, vertrauten einander unsere Geheimnisse

---

1 Teil 1 der Geschichte gab's im ersten Buch _Das Geschenk_

an und wurden danach auf dem Sofa im Wohnzimmer vom Schlaf übermannt. Wenn die beiden eingeschlafen sind, lege ich mich gewöhnlich in mein weiches Bett und lasse die Tür offen, damit ich sie hören kann. Morgens stehe ich immer als Erster auf. Ich gehe sofort in die Küche, um meine morgendlichen Gelüste zu stillen.

Er schwamm in dem Glas mit dem Wasser. Vorsichtig näherte ich mich. Es war, wie ich befürchtet hatte, ein toter Nachtfalter. Offenbar war er ins Glas geflogen, um seinen Durst zu stillen, und hatte es nicht mehr hinausgeschafft. Ich fühlte mich schrecklich.

Ich holte den toten Falter für das unangenehme Procedere aus dem Glas. Irgendwann kam es mir so vor, als ob er atmete oder sich bewegte. Das hatte ich mir aber nur eingebildet. Ich legte den Falter auf die Arbeitsfläche, und er gab kein weiteres Lebenszeichen mehr von sich. Ich begann, mich mit dem ersten Eindruck anzufreunden.

Kurz darauf standen die Mädchen auf. Den Falter hatte ich schon vergessen. Irgendwann ging ich mit meiner jüngeren Tochter in die Küche und bereute es, als mir bewusst wurde, dass ich seinen toten Körper nicht entfernt hatte.

»Papa, was ist das?«

»(Huch …) Mein Schatz, das ist ein kleiner Falter, der wahrscheinlich ertrunken ist.«

Als sich meine Tochter näherte, war es, als hätte auch der Falter sie bemerkt und bewegte ein wenig seine Beinchen. Diesmal war es keine Einbildung.

»Papa, er lebt!«, sagte sie wie benommen.

Auf einmal fasste ich wieder Mut.

Ich nahm ein kleines Stück braune Papiertüte vom Markt und legte es ihm als Hindernis hin, damit er gezwungen war, sich zu bewegen. Damit er draufkrabbeln konnte. Der Falter reagierte. Mühevoll, aber er reagierte. Als wäre er gerade aus seinem Winterschlaf erwacht. Ich riss ein Stück von dem Papier ab, das zu groß war, als dass es ihm als Startbahn hätte dienen können.

Wir setzten den Falter an die Sonne. Er war noch nass. Er litt, und es war nicht sicher, ob er es schaffen würde. Er streckte sich, so sehr er konnte. Diesmal war die Bewegung etwas stärker. Unser Herz wollte schier zerspringen.

Wir legten ein Stück Würfelzucker neben ihn und warteten. Der Falter machte ein, zwei kleine Bewegungen, dann hielt er wieder inne. Wie ein elektronisches Gerät, dessen Akku diesmal endgültig leer ist. Ohne große Hoffnungen gingen wir nach drinnen und sprachen nicht mehr darüber. Unsere Stimmung war wieder im Keller.

Über dem Spielzeug vergaßen wir den Falter. Irgendwann fiel es der Kleinen wieder ein.

»Papa, ich sehe mal nach, was der Falter macht.«

Ich machte mir keine Hoffnungen und ging nicht raus, um nicht traurig zu werden.

»Papa! Papa!« – die Kleine schwebte förmlich herein. »Der Falter ist weggeflogen!«

Ich traute meinen Ohren nicht. Und gleich danach auch meinen Augen nicht.

Der Falter war tatsächlich weg. Mit den Augen suchte ich kurz den Boden ab, um mich zu vergewissern. Es war nur noch das zerknitterte leere Papier vom Markt mit ein bisschen Zucker übrig.

Meine Freude war unbeschreiblich.
Der Grund, warum ich lebe?
Dieser Falter.

Und alle anderen Falter.

Genörgel

_____ **IM LIEBLINGSRESTAURANT** meiner Mädchen. Allein, um die Mittagszeit. Ich will gerade ihr Lieblingsessen bestellen, das inzwischen auch mein Lieblingsessen ist. Ich bitte darum, auch schon ihr Essen vorzubereiten, denn ich werde sie von der Schule abholen. Früher kam es für mich nicht in Frage, mich hinzusetzen und allein zu essen. Ich hätte mich zu Tode geschämt. Ich hätte das Gefühl gehabt, dass alle Blicke der Welt auf mich gerichtet wären. Heute fühle ich mich bestens dabei.

Ich setze mich und beobachte die anderen Gäste. Einmal wurde ich gefragt, was ich beruflich mache, und ich wusste keine Antwort darauf. Endlich kam ich darauf. Ich berichte über gute Storys. *Das* mache ich.

Sie setzen sich an den Nebentisch. Sie sind schon in einem gewissen Alter. Die eine hat weißes Haar und ist schwarz gekleidet, die andere ist blond gefärbt mit deutlichem weißem Ansatz. Ich schätze sie auf ungefähr Mitte sechzig. Sie unterhalten sich. Genauer gesagt, sie nörgeln herum. Genörgel kannst du spüren, denn du riechst seine Energie. Wie Rotz, der die Nase verstopft. Nur nimmst du Genörgel auch mit den fünf Sinnen wahr. Hauptdarstellerin der Vorstellung ist die Blonde. Die Dame in Schwarz ist das Publikum. Dass sie nörgeln, erkennt man auch an der Art, wie sie dasitzen, wie sie einander zugewandt sind, an der Körperhaltung, am Tonfall und dem Klang ihrer Stimme, daran, wie sie einatmen, aber vor allem daran, wie sie ausatmen. Ich habe ein Notizbuch herausgeholt und mache mir Notizen. Ich schreibe toxische Wörter und Sätze auf: »Ist doch egal«, »Dreht sich um und sagt zu mir«, »Was soll man da noch sagen«, ich höre häufig »nicht«, »Der treibt mich noch zum Wahnsinn«, »Jaja …«, »Ich bringe Opfer für ihn, aber …« (sie spricht von ihrem Sohn und ihrer Schwiegertochter, das Lieblingsthema griechischer Mütter), »Na, Glückwunsch!«(ironisch gemeint). Wie bei manchen Rezepten, wo zu viel Kreuzkümmel drin ist. Hier gibt es zu viel Opfergetue. Gejammer und Schikane. Ich bin die Gute, und die anderen sind Ärsche, die mir das Leben zur Hölle machen. Ihre Freundin beteiligt sich an der Vorstellung, neigt den Kopf im Rhythmus des Genörgels, als würde sie dem Taktstock der Protagonistin bei deren Monolog folgen.

Ich sitze da und denke über das Wesen von Genörgel nach. Es zerstört dir dein Leben, frisst dir deine Energie, verdirbt dir die

Laune, lässt dir die Galle überlaufen und ruiniert dir dein Immunsystem. Es ist wie eine Nadel, die kleine Löcher in deinen Ballon sticht, sodass langsam die Luft entweicht, ohne dass du es merkst.

Genörgel ist ein Gift.

Wie ein Tropf, aus dem Gift in dich hineinsickert. Wie in der Geschichte mit dem Frosch: Wenn du ihn in einen kleinen Topf setzt und die Temperatur allmählich erhöhst, gefällt es ihm anfangs noch. Ihm ist wohlig, und am Ende kocht er. Wie bei einem schmalen matschigen Weg: Man fährt mit dem Auto dort entlang. Der Wagen rollt aber nicht gleichmäßig, manchmal ist es, als bliebe er stecken, doch ab einem bestimmten Moment hat er sich daran gewöhnt, und es ist seine neue Normalität geworden. Das ruiniert dir deine Stoßdämpfer, die Federung, die Kupplungsscheibe, die Reifen, das Fahrgestell. Es macht dir alles kaputt. Langsam und systematisch.

Irgendwo habe ich gelesen, dass fünf Minuten gute Gefühle das Immunsystem für fünf Stunden stärken. Fünf Minuten schlechte Gefühle zerstören es für fünf Stunden. Ich glaube, dass Genörgel das schlimmste von allen schlechten Gefühlen ist.

Es heißt, Krebs sei die tödlichste Krankheit. Das ist er nicht.

Genörgel ist es.

Ohne dass man es mitbekommt

____ **SCHON AM VORMITTAG** habe ich mit meiner Mama ein paar Dinge zu erledigen. Um zehn Uhr hätten wir in Piräus sein müssen, um meine Anwältin vor der Marine-Rentenkasse NAT zu treffen, damit wir die Witwenrente klären konnten.

Der Tag begann schon früh, als wir zur Post gingen, wo meine Mutter ein Einschreiben abholen wollte, und ich flitzte derweil auf die Bank, um etwas Geld abzuheben. Zwei Fliegen mit einer Klappe. Gleich danach fuhren wir nach Piräus und hatten Zeit, unterwegs über alles zu sprechen. Über Bekannte und Freunde. Wir lösten alle Probleme, mit Ausnahme unserer eigenen natürlich.

Wir waren früher da, hatten also noch Zeit, um andere Dinge zu erledigen.

Rasch gingen wir beim Telefonladen vorbei, um den Telefonanschluss meines Vaters zu kündigen, und ich ging in die Buchhandlung, um zu sehen, wie sich mein Buch verkaufte. Anschließend erledigten wir noch ein, zwei Kleinigkeiten. Dann kam Rea. Sie ging mit meiner Mutter zur Rentenkasse und konnte alles schnell regeln.

Bei der Heimfahrt fiel mir auf, dass die Sonnenbrille meiner Mutter etwas schief saß. Deshalb ließen wir sie in ihrem Lieblingsladen noch in Ordnung bringen. Wieder zu Hause, hatten wir alles erledigt. Mama war sehr fröhlich und ich auch.

Und dann brachte meine liebe Mama den Spruch des Tages: »Stefanakos, mit jeder Angelegenheit, die erledigt ist, fühlt man sich erleichtert, ohne dass man es mitbekommt.«

Ein treffender, wahrer Spruch. So wahr, dass ich nicht wusste, wo ich anfangen sollte. Wenn Unerledigtes erledigt wird, ist man tatsächlich erleichtert. Doch noch viel mehr überzeugte mich das »ohne dass man es mitbekommt«.

Alles spielt sich in der Tiefe ab, viel tiefer, als wir meinen. Wo hämmern die Erdbohrer, um Erdöl zu fördern? Dort, in den Eingeweiden der Erde. Dort, wo man meint, dass nichts existiert. Und doch befindet sich dort alles. Dort spielt sich deine gesamte Programmierung ab. Dort sprießen die Samen. Im Unterbewusstsein und im Unbewussten. Dort entsteht und entwickelt sich deine ganze Existenz. Manche nennen es Gott. Dort sind all deine Aufzeichnungen, deine Gefühle, deine Überzeugungen, deine geheime Software, dort sind all deine Farbschattierungen, deine Palette, dort tauchst du unwissentlich deine ganzen Pinsel ein. Nur anhand der Farbschattierungen deines Lebens kannst du erraten, was es dort unten gibt. Nur so kannst du es sehen. Fachleute sagen, dass das Bewusste – das, was wir kennen, das, worüber wir bestimmen – nur 5 Prozent ausmacht. Die restlichen 95 Prozent sind jedoch dort, wo sich alles abspielt. Die Technokraten, die Quadratschädel und die Ungläubigen glauben nur an die fünf Prozent. Sie glauben, dass sich unter der Spitze des Eisbergs ein Hohlraum befindet. Als hinge die Spitze in der Luft. Irgendwo hatte ich einen schönen Spruch gelesen: »Wenn du versuchst, die Welt nur mit dem Verstand zu erklären, ist es, als würdest du versuchen, das ganze Universum mit einer Taschenlampe zu erforschen.«

```
        Alles  befindet  sich
      tief  dort  unten, dort,
    wo  du  es  nicht  merkst.
  Aber  dort,  wo  du  es  spürst.
```

Es ist wunderbar, etwas zu spüren, mein Freund.

Sagen wir mal 95 Prozent.

Das große Kind

_____ **DONNERSTAG IST SCHWIMMTAG.** Früher war es der Dienstag, aber wir haben getauscht. Das einzig Beständige im Leben ist der Wandel. Ich hole erst die Oma, und danach hole ich die Mädchen von der Schule ab, und wir fahren los. Besagtes Schwimmbad ist auch Omas Lieblingsschwimmbad. Seit der Zeit, wo mein Vater zur See fuhr, ist sie fast täglich hier und macht Wassergymnastik. Deshalb ist Selbstständigkeit, wie Jorge Bucay es nennt, so wichtig. Andere Menschen um sich haben wollen, aber auch allein zurechtkommen.

Heute maulte die Kleine herum und wollte nicht schwimmen. Ich übergab sie Fotis, ihrem Lieblingsschwimmlehrer. »Übernimm du«, sagte ich augenzwinkernd zu ihm. Manchmal besteht deine Aufgabe darin, jemanden zu finden, der die Arbeit dann erledigt. Innerhalb von fünf Minuten war die Kleine am Schwimmen.

Wir hatten sie also abgegeben und betrachteten die beiden. Welches Kind will wohl nicht die Aufmerksamkeit seiner Familie? Für ein Kind ist Aufmerksamkeit gleichbedeutend mit Unterstützung. Deshalb muss das Handy ausgeschaltet sein, wenn du mit deinen Kindern zusammen bist. Es nagt nämlich an der Unterstützung, dem größten Geschenk, das du deinen Kindern, aber auch dir selbst machen kannst.

Irgendwann ließ ich mich von einem kleinen Trubel auf der Nebenbahn ablenken. Vier planschende Jungen machten sich gerade für ein Foto bereit. Jungen um die zehn, alle mit Badekappe, alle fröhlich. Während sie auf das Vögelchen warteten, tauchte vom Grund des Schwimmbeckens langsam etwas nach oben. Es hätte eine Szene aus dem Film *Der weiße Hai* sein können.

Sekunden später tauchte ein fünfter Kopf auf, größer als die vier anderen. Badekappe, strahlendes Lächeln und Bart. Offenbar einer der Väter. Auch sein Schnurrbart lachte. Die Jungs umringten ihn, umarmten ihn überglücklich, und dann kam das Vögelchen heraus.

Fünf Kinder. Das fünfte war das älteste, aber auch das fröhlichste. Sein Lächeln breitete sich aus. Ihm fehlte es an Platz. Es schäumte geradezu über. Als würde es durch Wellen übertragen und uns alle durchdringen. Das kindlichste der Kinder. Er hatte ihnen die Schau gestohlen, ohne dass er es je darauf angelegt hatte. Wer ihn von uns sah, verharrte, um ihn zu betrachten, bewunderte ihn aber auch.

Wie schön, wenn man immer Kind bleibt.
Wenn man lächelt, spielt, sich vergnügt. Lass deinen Verstand an seinem Fleck, dein Herz aber hochfliegen.

Sei immer Kind.
Dann wirst du nie alt werden.
Du wirst immer glücklich sein.

Und wenn dich jemand fragt, was du tust, sag nicht »Ich bin total busy« und anderen Mist, sondern sag nur eines:

Ich spiele!

Bei jedem läuft mal etwas schief

——— **SIE HEISST NATASCHA** und ist der zweite Stuhl in meinem Therapie-Team. Der erste Stuhl steht für den Psychologen. Der dritte für den Assistenten. Ein gesundheitliches Problem brachte mich vor zehn Jahren zur Therapie, und dafür bin ich ihm dankbar. Einer der wichtigsten Entwicklungsprozesse in meinem Leben. Therapie hat mir dabei geholfen, meinen ständigen Mitbewohner in diesem Leben kennenzulernen: mich. Natascha ist überhaupt nicht mein Typ. Sie erinnert mich an meine Mutter in der Zeit, als wir uns die Köpfe einschlugen.

Wenn sie mich dauernd mit ihrem scharfen Blick durchbohrte. Das macht auch Natascha. Manchmal ist es, als würde sie meine Seele auffressen. Als würde sie mich ohne Narkose operieren. Oft sind diese schwierigen Operationen jedoch die, die einen ins Leben zurückholen. So ist es auch mit Natascha. Ich bin ihr einen Teil meines Lebens schuldig. Ob klein oder groß, ist unwichtig.

Inzwischen weiß ich, dass sie, wenn sie den Mund aufmacht, in neun von zehn Fällen ein Geschenk für mich bereithält. Sie sagt mir dann etwas, was mir nicht gefällt, mich aber weiterbringen wird.

> Heute weiß ich, dass das,
> was mir nicht gefällt,
> das ist, was mich rettet.

Ich entspanne mich und genieße. Erst wenn man entspannt ist, kann man genießen.

Irgendwann redete Natascha also mit einer jungen Frau aus dem Team. Eines der wichtigsten Dinge, die ich in der Therapie gelernt habe, ist, dass nie alles perfekt sein wird. Inzwischen stört es mich überhaupt nicht mehr, wenn etwas unerledigt bleibt. Es ist eine Sache, es in Ordnung bringen zu wollen, wo es angemessen und auch notwendig ist; und eine andere Sache, dass es erledigt wird, damit man sich gut fühlt. Es kam also der Zeitpunkt für Nataschas Geschenk. An die junge Frau gewandt, die in diesem Moment alles perfekt haben wollte, sagte sie zu ihr: »Wir sind Menschen und haben alle unsere Probleme. Bei jedem läuft mal etwas schief.«

Das hatte ich noch nie gehört. Es gefiel mir sehr. Jeder von uns hat seine Probleme, die er lösen muss, und es wird immer mal etwas schieflaufen. Wehe, wenn ich perfekt sein muss, um mich toll zu finden. Das wird nie der Fall sein. Deshalb mögen die meisten Menschen sich selbst nicht: Sie warten auf den Moment, wo nichts mehr schiefläuft. Dieser Moment wird aber nie kommen.

Wäre es meine jüngere Tochter, würde sie mich mit ihrem bekannten Gesichtsausdruck fragen:

»Papa, findest du es jetzt also gut, dass du es nicht gut findest?«

»Ja, mein Liebes, ich finde es gut, dass ich es nicht gut finde.«

**Und je toller ich das finde,
was ich nicht toll finde,
desto toller finde ich es.**

Das Ekelpaket

____ **SEHR UNSYMPATHISCH.** Wenn ich sage, sehr, meine ich »sehr«. Sein zerschlissenes Hemd spannte über dem Bauch, er war unrasiert und schmuddelig. Ein enger Freund von mir würde ihn als »Ekelpaket« bezeichnen. Vielsagender Seitenblick. »Alles gelogen. *Alles*!«, rief er laut seinem Tischnachbarn zu, der gerade Zeitung las. Der andere sah ihn gleichgültig an und las weiter. Einer von denen, die alles wissen. Weiße, nach oben zeigende Crocs. Bestimmt bohrt er in der Nase, wenn er allein ist, dachte ich. Er hielt eine Käsetasche in der Hand und kaute unflätig darauf herum, so wie er wohl auch auf seinem Leben herumkaute. Hastig und im Stehen. Einer von denen, die immer den anderen die Schuld geben. Die nie etwas falsch gemacht haben. Ein typischer echter Grieche.

Irgendwann kam eine Taube angeschwirrt. Ich war mir sicher, dass er sie verjagen würde. Ebenfalls unflätig. Er verjagte sie nicht. »Wahrscheinlich hat er sie nicht gesehen«, dachte ich.

Und doch: Er hatte sie gesehen. Er warf ihr ein paar Krümel hin, diesmal absichtlich. Anfangs gleichgültig. Dann allmählich mit Gefühl. Dann kam noch eine Taube. Und noch eine. Das Gefühl wurde immer größer. Das Ekelpaket warf ihnen noch mehr Krümel hin. In neue Zeile

Weitere Tauben kamen angeschwirrt. Der Typ hatte sich inzwischen zärtlich zu ihnen hinuntergebeugt und teilte seine Käsetasche mit ihnen. Er aß einen Bissen und zerkrümelte den nächsten. Und je mehr Bröckchen er zerkrümelte, desto mehr Tauben kamen. Und desto mehr lächelte er. Als hätte er sich in ein kleines Kind verwandelt. Sein Gesicht war völlig verändert. Als wäre er jetzt der liebe Gott, der uns den Schnee schenkt, um uns eine Freude zu machen. Nur dass dieser Typ Krümel von seiner Käsetasche schneien ließ.

Sein Bauch sah inzwischen wie der des Weihnachtsmanns aus. Sein Blick ebenfalls. Die Käsetasche war fast aufgegessen, und der Typ zerbröselte sie in immer kleinere Stückchen, damit keine Taube traurig war. Es war, als würde sein Blick zärtlich über sie gleiten und aufpassen, dass alle gefüttert wurden.

Ich hatte ihn eine ganze Weile überrascht beobachtet. Wie ein Regenguss, auf den unmittelbar Sonnenschein folgt. Wenn der Himmel dunkel bleibt, dahinter aber die Sonne scheint und dich mit Tausenden von Farbschattierungen beschenkt. Dort, wo die Sicht vollkommen klar ist und man bis zum Peloponnes und noch weiter sehen kann. Einer von diesen herrlichen Sonnentagen, die dir nur Gott schenken kann.

```
    Wir  haben  alles  ins  uns.
  Das  Gute  und  das  Schlechte.
```

Sonne und Regen. Liebe und Wut. Geben und Nehmen. Schönheit und Hässlichkeit. So ähnlich wie eine kreiselnde Münze, bei der man nicht weiß, auf welche Seite sie fallen wird. Einmal Kopf, einmal Zahl. Und genau das ist das Magische daran. Das Unvorhergesehene. Da, wo du dich sicher wähnst, wirst du eines Besseren belehrt – eine Ernüchterung, die sich gewaschen hat! Als hätte sich der große Boss in den Kopf gesetzt, uns daran zu erinnern, dass wir nichts wissen. Auch wenn wir alles wissen. Man nennt es Leben, und es ist ebenfalls ein Wunder.

Das größte von allen.

Wahrer Reichtum

____ **OPER IM HERODION-THEATER**. Die Sieger-kombination. Das lasse ich mir auf keinen Fall entgehen. Ich liebe beides. An der Hochschule für Wirtschaft lernten wir etwas über Synergien. Wenn das Ganze größer ist als die Summe der Teile. Der Unterschied ist der Mehrwert. So auch hier. Das Endergebnis ist einzigartig. Uralte Melodien von Verdi und dazu das moderne Bühnenbild, die zauberhaften Stimmen und der Marmor des Herodion-Theaters.

Als alter Hase fahre ich früher hin, um noch einen der letzten Plätze im einzigen Parkhaus dort in der Nähe zu ergattern. Ich parke meinen Smart ein und warte, dass der Typ kommt. Doch meine Augen sind an dem Herrn vor mir hängengeblieben, der gerade aus seinem Auto gestiegen ist. Er ist in Begleitung, doch aus irgendeinem Grund sehe ich nur ihn.

Ungefähr sechzig, aristokratisch, aufrechte Haltung, freundliches Lächeln, sichtlich kultiviert. Geschniegelt, er trägt ein Jackett und eine Fliege. Aus einer anderen Zeit. Er könnte einem alten Filmklassiker entsprungen sein. Er könnte Universitätsprofessor sein. Bestimmt etwas sehr Wichtiges. Ich steige also aus meinem Auto. Ein paar ineinander verkeilte Autos zwingen uns, genau dort vorbeizugehen, wo der Herr sein Auto abgestellt hat. Ich bin neugierig, welche Marke es ist. Selbstverständlich irgendein schickes, vermutlich teures, ausgefallenes Auto.

Ich komme zu seinem Auto. Weit gefehlt. Der Typ ist aus einem alten Hyundai Atos gestiegen. Eindeutig ein preiswertes, gängiges Modell. Wir gehen ins Herodion-Theater hoch, und ich habe beide Bilder im Kopf: einerseits den Herrn mit seiner Fliege und seinem ausgefallenen Stil und andererseits das billige Auto. Aus irgendeinem Grund haben sich die beiden Bilder exemplarisch übereinandergeschoben, genau wie beim Vierfarbdruck, wo sich alles exakt überdecken muss, bis das Resultat perfekt ist.

Ich bin beeindruckt, fühle mich innerlich aber auch bestätigt. Stil hat mit dem Inneren zu tun, nicht mit dem Äußeren. Mit Qualität, nicht mit Geld. Finesse ist klar eine persönliche Angelegenheit und hängt überhaupt nicht von finanziellem Wohlstand ab. Qualität ist zeitlos. Du kannst in einer Zwei-Zimmer-Wohnung leben, aber die Finesse eines Milliardärs haben.

Eine der 13 Gewohnheiten, über die ich in meinen Vorträgen spreche, ist Fokussierung. Das, worauf ich mich fokussiere, was ich sehe, worauf ich meinen Scheinwerfer richte, was ich in meinem Leben beleuchte. Ich schließe mit den Worten, dass man das sieht, worauf man sich fokussiert. Im Grunde genommen wird man das, worauf man seinen Fokus richtet.

Es ist eine Sache, Geld zu haben,
und eine andere, reich zu sein.

Ob du Geld hast, entscheidest nicht immer du.

Aber ob du reich bist, sehr wohl.

Der Glibber

———— **ES GIBT TAGE, DA GLAUBE ICH,** dass ich der glücklichste Mensch der Welt bin. Dass ich alles habe. Und wenn ich ehrlich bin, habe ich auch alles. Früher bereitete mir das manchmal Probleme. Heute nicht mehr. Jetzt genieße ich es einfach. Ich weiß, dass ich nur das Jetzt habe. Ich bin nur das Jetzt. Heute war so ein Tag. Nach dem morgendlichen Joggen ging ich schwimmen. Ich nahm auch ein Säckchen voller Brotreste mit, um sie an die Fische zu verfüttern. Brot darf man nicht wegwerfen. Es ist heilig.

Ich riss das Brot in kleine Stücke und warf sie ins Wasser. Es war überwältigend, wie viele Fische sich versammelten. Es war überwältigend, wie viele Fische fraßen. Sie fraßen, weil ich nicht untätig gewesen war. Sie fraßen, weil ich eine Minute meines Lebens dem Sammeln von Brotresten gewidmet hatte. Solche Dinge geben meinem Leben jetzt einen Sinn.

Ein Stück weiter stand mein Freund Simos, eine Mischung aus Lächeln und Liebenswürdigkeit, einer der Menschen, die dir den Tag retten. Er riet mir, die Fische auch auf der anderen Seite zu füttern. Ich lächelte ihm zu und tat es. Auch dort gab es Grund zur Freude. Und noch mehr Fische fraßen. Und noch mehr Fische freuten sich. Je mehr Freude man anderen bereitet, desto mehr freut man sich auch selbst. Wie schön wäre es, wenn wir das doch schon frühzeitig lernen würden! So wie wir gelernt haben, dass eins und eins zwei ergibt.

Ein Stück weiter lächelte mir Jannis zu, ein neunzigjähriger Teenager, der den Anleger jeden Tag mit Schaufel und Besen buchstäblich sauber leckt. »Komm doch nachher mal her«, sagte er bedeutungsvoll. Ich ging zu ihm, und er stellte mir seine Tochter und seine Enkelin vor, die aus Amerika zu Besuch gekommen waren. Es ist eine besondere Ehre, wenn jemand das Bedürfnis hat, dir seine Familie vorzustellen. »Ihr Vater ist für uns alle ein leuchtendes Vorbild«, sagte ich zu seiner Tochter und sah sie mit einem breiten Lächeln an. Sie war gerührt.

Nach dem Schwimmen stieg ich aus dem Wasser und trocknete mich ab. Normalerweise gehe ich sofort weg, und heute hatte ich es besonders eilig.

Doch in dem Moment, wo ich mich gerade aus dem Staub machen wollte, kam ein Unbekannter auf mich zu, der große Lust zum Plaudern hatte. Er war völlig anders drauf als ich. Ein Unterschied wie zwischen Tag und Nacht.

Ein Franzose, der nur gebrochen Englisch sprach. Die Brot fressenden Fische hatten ihn beeindruckt. So etwas hatte er noch nie gesehen. Vor dreißig Jahren war er zum ersten Mal in Griechenland gewesen. Er erzählte mir alles. Von seiner Familie, dass er 72 Jahre alt war, aber wie 60 aussah, von seinen beiden Operationen am offenen Herzen, von Montmartre. Ich unterhielt mich mit ihm in dem wenigen Französisch, das mir von der Schule noch geblieben war. Er war begeistert und gab mir wohlmeinende Ratschläge für mein Französisch, aber auch fürs Leben. Es dauerte nicht lange, und Jean und ich verstanden uns prächtig. Wir kamen uns näher. Es entstand eine Verbindung. Irgendwann hatte er sich neben mich gesetzt, als würden wir uns schon Jahre kennen. Irgendwann ertappte ich ihn dabei, wie ihm die Tränen kamen, weil es so schön war. Ich konnte mich nicht zurückhalten. Es war mehr als magisch. Insgesamt dauerte es nicht länger als fünfzehn Minuten. Fünfzehn magische Minuten, die ein Leben verändern könnten. Wir verabschiedeten uns herzlich. Meine Töchter spielen oft mit Glibberschleim. Manchmal fällt ein Glibber auf den anderen, und sie kleben aneinander. Sosehr man sie auch auseinanderpfriemelt, ein paar Stückchen vom einen Batzen bleiben immer am anderen hängen. So ist auch das Leben.

Vor einiger Zeit hat uns mein Vater verlassen. Und viele andere auch. Jean hatte etwas von meinem Vater. Und von allen anderen. In seinen Augen. In seinem Blick. Auf jeden Fall in seiner Seele. Es war nicht viel größer als ein Sandkorn.

Ich glaube, dass wir alle hier ein großer Glibberbatzen sind.

Jeder Mensch um uns herum
trägt ein winziges Stückchen
von jedem Menschen in sich,
der ihm lieb ist.
Auch von uns.

Vielleicht kleiner als ein Sandkorn.

Vielleicht größer als das Leben.

Ja, aber

___ **ER IST EIN GUTER FREUND.** Ein anständiger Mensch. Er hat nie studiert und es trotzdem geschafft. Als er achtzehn war, hat ihn ein Freund seines Vaters in seine Firma geholt. Er fing als Kurier an. Zehn Jahre später war er Abteilungsleiter. Irgendwann kam er nicht mehr weiter. Er musste sich verändern. Er hatte keine Beziehungen, um anderswo Arbeit zu finden. Auch keine Bekanntschaften. Er versuchte es auf eigene Faust. Er verschickte Lebensläufe. Endlich schaffte er es.

An diesem Arbeitsplatz ist er nun schon seit zwanzig Jahren. Immer noch Abteilungsleiter. Ein guter Posten, gutes Geld, rechte Hand vom Chef. Vor Kurzem fand eine Reorganisation statt, und sie setzten ihm jemanden vor die Nase, den er nicht mochte. Mein Freund hat eine Schwäche: Er macht den Mund nicht auf.

»Hast du mit dem Typen gesprochen und ihm gesagt, was dich stört?«

»Er hört nicht zu.«

»Hast du mit ihm gesprochen?«

»Ich sage doch: Er hört nicht zu.«

(Wenn du nicht mit ihm sprichst, wie soll er dann zuhören, Mann?)

Kurzum: Ich drängte ihn, mit seinem Chef zu sprechen. Ihm zu sagen, was ihn stört. Oft vermuten wir, der andere wisse Bescheid. Es ist nicht gut, Vermutungen anzustellen. Und überhaupt kann der andere ja gar nicht wissen, was du empfindest. Ich versuche schon seit über zehn Jahren, in der Therapie herauszufinden, was um alles in der Welt ich empfinde. Woher soll es dann ein anderer wissen?

»Mach ich, aber ich muss den richtigen Moment erwischen.«

(Mein Freund hat ein Handy und spricht jede Woche mit dem Chef.)

»Schieb es nicht auf die lange Bank.«

Einen Monat später:

»Und, hast du den geeigneten Moment gefunden?« (Etwas ironisch.)

»Noch nicht.«

Kurz gesagt: Mein Freund brauchte sechs Monate, bis er mit seinem Chef sprach. Irgendwann redete er mit ihm.

(Ich weiß nicht, wie das Gespräch ablief. Wichtig ist nämlich nicht, was man sagt, sondern wie man es sagt.)

»Ich hab's ihm gesagt, aber ich sehe nicht, dass er etwas macht.«

Der Chef machte tatsächlich nichts.

Wenn es dir in der Arbeit nicht gut geht, wird es dir nirgends so gut gehen, wie es möglich wäre. Eine »schlechte« Arbeit wird dir Stress und Sorgen bereiten und dich wahrscheinlich krank machen. Viele gesundheitliche Probleme beginnen mit schädlichen Arbeitsbedingungen. Das hat man bereits nachgewiesen.

Ich redete noch einmal mit meinem Freund:

»Und, was hast du jetzt vor?«

»Ich habe mit X gesprochen und warte darauf, dass sich eine Stelle in der Firma ergibt, in der er arbeitet. Sie wollen dabei an mich denken.«

Ein halbes Jahr später:

»Was ist denn jetzt mit X?«

»Irgendwann wird die Stelle frei werden.«

»Dir geht's gut?«

»Es wird immer schlimmer.«

»Mensch, dann bring doch mal deinen Lebenslauf auf Vordermann, den geben wir dann Y, die alle in deiner Branche kennt! Sie findet ganz bestimmt was für dich.« (Wie gesagt: Mein Freund ist anständig und kann was.)

»Y kennt wirklich viele Leute. Was soll ich sagen … ich habe schon seit Jahren keinen Lebenslauf mehr geschrieben.«

»Tu es!«

»Ich weiß nicht. Irgendwann mal.«

In so einem Moment werde ich verrückt. Heiliger Bimbam, wenn ich jemanden das Wort »irgendwann« sagen höre, könnte ich ihn umbringen.

Eine Woche später:

»Irgendwas Neues in der Arbeit?«

»Immer noch der gleiche Mist.«
»Hast du deinen Lebenslauf geschrieben?«
»Nein.«
»Wirst du ihn schreiben?«
»Ja, aber …«

Mit Handeln
stehen wir auf Kriegsfuß.

Es ist eine Sache zu wissen, was man tun muss, aber eine andere, es auch zu tun.

Die Welt ist voller Menschen, die wissen, was sie tun müssen, es aber nicht tun. Deshalb gibt es so viel Elend und Unglück da draußen. Es ist kein Zufall, dass wir in der besten Welt leben, die es jemals gab, und doch hat unsere Freude einen historischen Tiefstand erreicht.

Wir wissen, was richtig ist, tun es aber nicht.

Es ist, als hättest du Durst, und vor dir stünde ein Glas Wasser auf dem Tisch.

Wirst du es trinken?

Ja, aber …

Was, »aber«?

Es steht so weit weg.

Und wenn das Wasser heiß ist?

Und wenn es eiskalt ist?

Und wenn ich es verschütte?
Und wenn das Glas in meinen Händen zerbricht?
Und wenn ich danach immer noch Durst habe?
Und wenn ich noch ein Glas will?
Und wenn das Wasser jemand anderem gehört?
Bei diesen »Und wenn …« werde ich verrückt.

**Noch verrückter werde
ich jedoch bei »Ja, aber«.**

Macht nichts, Papa

____ES PASSIERTE SCHON VOR EINIGER ZEIT, aber aus irgendeinem Grund hatte ich es vergessen. Ich hatte mir aber innerlich eine Notiz gemacht, dass ich darüber schreiben würde.

Ich bin davon überzeugt, dass man Kinder ihre Fehler selber machen lassen muss. So haben auch wir es gelernt. So mache ich es auch bei meinen Töchtern. Beim Thema Geld bin ich empfindlich, vielleicht übertrieben empfindlich. Ich finde, dass Geld wichtig ist und die Leute oberflächlich damit umgehen.

Wenn ich mit den Mädchen spazieren gehe, ermuntere ich sie, ihr eigenes Geld mitzunehmen. So lernen sie, selbst einzukaufen. Und auszuwählen. Selten haben sie mehr als zwanzig Euro dabei. An jenem Tag also war die Jüngere auf die Idee gekommen, hundertfünfzig Euro mitzunehmen. Ich murrte zwar, aber sie setzte ihren Kopf durch. Und so falteten ihre kleinen Finger sorgfältig die drei Fünfzig-Euro-Scheine zusammen und steckten sie so tief wie möglich in ihr Portemonnaie. Dann machte sie vorsichtig den Reißverschluss zu und vergewisserte sich, dass er komplett zu war.

Wir gingen ins Kino. Sie kauften sich, was sie wollten. Bei jedem Kauf machte die Kleine ihr Portemonnaie sorgfältig zu, damit kein Geldschein herausfiel. Jedes Mal sorgfältiger.

Wir gingen wieder nach Hause und machten vor dem Schlafengehen unseren ganzen Hokuspokus. Unsere Geständnisse, unsere Geheimnisse, wir erklärten noch einmal die neuen Schimpfwörter, die wir gelernt hatten (unendlich, dieses griechische Schimpfwortregister!). Wir spielten unser Killekille-Spiel und machten alles, woran sie sich von früher erinnerten.

Am nächsten Morgen wollten sie das Geld aus ihren Portemonnaies in ihre Sparbüchsen stecken.

»Papa …?«

(O je …)

»Ich finde das Geld nicht …«

(*O je …*)

»Such nur richtig, mein Schatz, es ist sicher da.«

(Pause)

»Ich finde es nicht …«

(*O jeee …*)

Kurz gesagt: Sie hatte nicht mehr als zehn Euro ausgegeben. Aber die restlichen hundertvierzig Euro hatten Flügel bekommen. Irgendwo hatte sie sie verloren. Der Kleinen war zum Heulen zumute. Und mir auch. Es wäre mir tausendmal lieber gewesen, wenn *ich* sie verloren hätte. Immer wieder rief ich mir in Erinnerung, wie ihre kleinen Finger die Scheine zusammengefaltet hatten.

Irgendwann schimpfte ich mit ihr:

»Mensch, Enia, hundertfünfzig Euro sind viel Geld, das hatte ich dir doch gesagt.«

Die Kleine war kurz davor, in Tränen auszubrechen. Sie strengte sich an, um sich zu beherrschen. Da hörte ich auf. Sofort veränderte sich ihr Gesichtsausdruck. Als wäre sie neu geboren. Als wäre nach dem Unwetter plötzlich die Sonne herausgekommen. Als wäre die Sonne aus ihr herausgekommen.

»Macht nichts, Papa. Es waren nur hundertvierzig Euro. Sei nicht traurig, Papa ...«

Sie sah mir in die Augen, als würde nun sie mich trösten. Da besann ich mich und war selber kurz davor zu weinen. Sie hatte Recht. Es waren nur hundertvierzig Euro. Letztlich war es nur Geld.

Ich nahm meine Kleine in die Arme, als gäbe es kein Morgen.

```
    Es heißt, Kinder seien
   die größten Lehrmeister.
        Das stimmt.
```

Häkchen und Häkchen

_____ICH BIN NICHT NUR EIN PAPA, sondern auch ein total vernarrter Papa. Ich bringe meinen Kindern schöne Dinge bei, kann sie aber auch verhätscheln. Ich weiß Grenzen zu setzen, kann sie aber auch widerrufen. Also ganz normale Dinge. Oft kriegen mich die Mädchen rum. Sie bekommen grundlos Geschenke, ohne Vorbedingungen. Ich suchte nach einem Anlass, das alles einzugrenzen. Den lieferte mir die Jüngere:

»Papa, lass uns zu Hause Regeln aufstellen, so wie in der Schule. Lass uns Häkchen und X-Zeichen machen. Wenn wir etwas gut machen, gibt es ein Häkchen. Wenn wir etwas schlecht machen, ein X-Zeichen.«

Sie hatte mir gerade den perfekten Pass zugespielt.

Sie erinnerte mich daran, dass ich früher in meiner Firma darum gekämpft hatte, dass die Leute mit Rauchen aufhörten. Damals, als es in geschlossenen Räumen noch nicht verboten war. Es war an einem Freitag, und sie waren in Stimmung. Ich hatte die Ohren gespitzt und hörte, wie sie darüber sprachen, mit dem Rauchen aufzuhören. »Seid ihr einverstanden, dass wir ab Montag drinnen nicht mehr rauchen?«, warf ich unvermittelt ein. »Deal, Leute?«»Ja!«

Als sie am Montag ins Büro kamen, hatten einige es vergessen. »Ah … war das ernst gemeint?«

»Ja!«

Zurück ins Heute.

»Einverstanden, mein Schatz«, sagte ich zu der Kleinen. Die Große war anderer Meinung:

»Ich bin nicht einverstanden.« (Jetzt aber! Ich bin doch nicht blöd und lasse mir Geschenke durch die Lappen gehen mit euren Häkchen und X-Zeichen. Sollen wir uns vielleicht selbst fertigmachen?) Doch es war zu spät. Der Gesetzentwurf war schon durch.

Das Gespräch mit der Kleinen ging weiter:

»Papa?« (Wenn sie das sagt, folgt als Nächstes ein schlagfertiger Spruch.) »Ich habe eine bessere Idee: Statt Häkchen und X-Zeichen machen wir nur Häkchen. Wenn wir etwas gut machen, gibt's ein Häkchen. Wenn wir etwas schlecht machen, gibt's nichts. Auf die Art machen wir etwas gut und nichts schlecht. Dann haben wir etwas, auf das wir uns freuen können, und nicht etwas, vor dem wir Angst haben müssen. So klappt es besser.«

Damit hatte die Kleine alles gesagt.

Dein Leben ist das, worauf du dich fokussierst. Wenn du dich auf das Gute fokussierst, wirst du das Gute sehen.

Wenn du dich auf das Schlechte fokussierst, wirst du das Schlechte sehen. Du fährst mit den Skiern einen Hang hinunter. In der Mitte die Piste. Links und rechts die Tannen. Du wirst dort entlangfahren, worauf du deinen Fokus richtest. Die meisten Menschen fokussieren sich auf die Tannen, das Problem, auf das, was fehlt, auf das, was sie nicht haben wollen, auf X. Du gehst zu einer Party. Dort gibt es nette Leute und blöde Typen. An welchen bleibst du kleben? Das ist dein Fokus. Der Scheinwerfer deines Lebens.

> Da, wo du hinleuchtest,
> wirst du hingehen.
> Ganz einfach.

Ich brauchte eine Weile, um mich von der schlagfertigen Antwort der Kleinen zu erholen.

»Tolle Idee, mein Schatz!«

Sie lächelte.

»*Jetzt bekommst du ein Häkchen!*«

La La Land

_____ **DAS ERSTE GENÖRGEL WAR SCHON** vor-
programmiert. Es würde mich nicht einschüchtern. Endlich
hatte ich es geschafft. Der Film *La La Land* vermochte das *Mr.
Bean*-Video leichter zu ersetzen als erwartet. Diesen Film hatte
ich über alles geliebt. Er hatte mich bezaubert, er hatte mich auf
Reisen geschickt und einen bleibenden Eindruck hinterlassen.
Ich war ihn meinen Kindern schon lange schuldig.

An ziemlich vielen Stellen sah ich mich gezwungen, ihnen einige
Dinge zu erklären, weil sie noch klein waren. Ich tat es sanfter,
als eine Katze auftreten würde. Irgendwann mittendrin schlief
die Jüngere ein, und die Ältere erlebte, vom Film verzaubert und

fest in meiner Umarmung vor dem brennenden Kamin sitzend, ungekannte Gefühle. Wir ließen unser Lachen und unsere Tränen zu. Wir ließen alle Gefühle zu. Bis zum Anschlag.

Am Schluss blieben wir umarmt sitzen und sprachen über alles. Über das Leben, das zunächst in die eine Richtung geht und sich dann in eine andere wendet. Über die großartigen Leidenschaften. Über unsere Träume, dass lieber wir sterben als sie. Über den Misserfolg, der immer zu Erfolg führt, solange man nicht aufgibt. Über den Zauber der Gefühle, das Einzige, worüber man letztendlich bestimmen kann.

Am Ende läuft alles auf das ewige Dilemma hinaus:

Soll man das Leben richtig leben oder nicht?

Wenn ich eine Angst um meine Kinder habe, dann nicht die, in welcher Welt sie groß werden, ob sie Erfolg haben werden, zu guten Menschen werden oder anderer Schwachsinn.

Meine große sorgenvolle Frage ist, ob sie letzten Endes leben werden oder nicht. Ob sie das Leben voll auskosten werden, auch wenn es wehtut, oder ob sie sich mit einem seichten, bequemen Leben abfinden werden mit viel Sofa und Fernsehen am Abend, Selbstgefälligkeit, Selfies, Kritik, Misstrauen, Angst, Nörgeleien, überflüssigen Pfunden und der Unfähigkeit, sich emotional berühren zu lassen. Ob sie ihren Traum leben werden oder ihn parken und am Ende auch die Nummernschilder abgeben werden.

Am Ende eines seiner Seminare hat Antonis Kalogirou einmal wortwörtlich zu uns gesagt:

Wenn du oben ankommst, wird Er
dich nur eines fragen: Ich habe
dir *ein* Leben geschenkt. Hast du
es gelebt oder vergeudet? Sag,
hast du geliebt?

Sag, hast du geliebt?

Die anderen

ERSTER TAG NACH DEN FERIEN zurück in Athen. Athen am Marienfest, dem 15. August, liebe ich über alles. Wir alle fahren unsere Autos aus der Fähre. Ausgeruht, braun gebrannt, gut erholt, geduldig.

Als Erstes gehe ich bei meinem Lieblingsgeschäft vorbei, um dort eine meiner morgendlichen »Schweinereien« zu kaufen. Ich sehe, wie sie einparkt. Auch sie hat den frischen Ferienlook: braungebrannt, mit ihrem hübschen Kleidchen, Armbändchen von den Kykladen, verjüngt, gerade zurück aus den Ferien. Sie öffnet die Tür. Gegenüber öffnet auch ein Herr seine Tür, der gerade neben ihr geparkt hat. Um ein Haar prallen die Türen zusammen. Der Ferienlook auf ihrem Gesicht verschwindet sofort. Die Sonne verzieht sich, Wolken ziehen auf. Die Frau wirft einen giftigen Blick irgendwo ins Leere. Die Ferien waren für die Katz. Als würde ich ihre Gedanken lesen: »Jetzt sind die Ärsche wieder zurück. Wären wir nur geblieben, wo wir waren.«

Die Ärsche sind immer die anderen. Du willst weiterkommen, aber sie versauen dir das Leben. Der Chef, der Kunde, deine Mutter, die Regierung, der Nachbar. Immer diese *anderen*. Fußbremse bei deinem Roller, rote Ampel für deine Träume, Nadel in deinem Luftballon. Die *anderen*. Die Ärsche.

Ich halte oft Vorträge. Am Ende kommen einige zu mir:

»Ich tue alles, was Sie sagen, aber die *anderen* …«

»Ich liebe bedingungslos, aber die *anderen* … ich bin allein.«

Gestern war ich mit einer Freundin zusammen, einem typischen nachgiebigen Menschen.

»Ich gebe ihnen alles, aber die *anderen* geben nichts …«

Wenn ich dieses »aber« höre, weiß ich, dass unweigerlich die *anderen* folgen, diese Deppen. Es könnte sogar eine neue Syntaxregel des Neugriechischen sein.

Die, die dich nie anerkennen, die dich nicht lieben, die dich verschmähen, die dir deinen Traum stehlen, die dir dauernd Unrecht tun, die dich unter Druck setzen, die dir Kummer bereiten, die dich quälen, die dir das Leben schwermachen.

Kurz: Ich bin der Gute, und die anderen sind die Ärsche. So läuft es bei fast allen von uns.

Ich habe einen Lieblingscousin. »Großer« nennt er mich liebevoll.

»Ich will dir mal was sagen, Großer. Wollen wir mit diesem Unsinn nicht endlich mal aufhören?«

Die anderen - das bist du.

Der heilige Vassilios

_____ **ZUM ERSTEN MAL BIN ICH** zwei Wochen in Amerika. New York und Washington. »Child Entrepreneurship« ist sicher das allerbeste Programm für Kinder als Unternehmer – ich nehme jedes Jahr daran teil.

Unternehmertum zusammen mit Grundwerten wie Teamwork, Selbstdisziplin, Commitment und Erfolg beginnt dort schon im Kindergarten.

Alle drei sind meine Freunde, aber völlig unterschiedlich. Der eine ist Läufer, der andere Technikfreak, die dritte ist Hooperin (ein Hula-Hoop-Profi). Sie erfuhren, dass ich nach Amerika gehe, und fragten mich, ob ich ihnen jeweils ein Päckchen mitbringen könnte, das mir auf ihre Rechnung in mein Hotel geliefert würde. Meine einzige Frage war, ob die Päckchen sperrig waren. Waren sie nicht. Erfreut sagte ich ja.

Für mich sind es diese kleinen Freuden, die mir das Gefühl geben, ein Mensch zu sein. Die Päckchen waren klein, bis auf das der Hooperin, deren zusammenklappbarer Hightech-Hula-Hoop-Reifen in einem Karton steckte, in dem eine Riesenpizza Platz gehabt hätte. Ich informierte sie, dass ich den Karton vielleicht würde öffnen müssen, um Platz zu sparen. »Klar«, sagte sie.

Jeden Tag, an dem mir ein Päckchen ins Hotel geliefert wurde, war meine Freude groß. Als wäre es für mich gewesen. Als ich alle drei Päckchen erhalten hatte, war meine Freude schon unbeschreiblich. Ich legte sie behutsam, vorsichtig und ordentlich ins Gepäck, aber mit derselben großen Freude, mit der ich Geschenke für meine kleinen Mädchen kaufte. Wenn du an den Punkt kommst, dass dir die Menschen um dich herum so nahestehen wie deine Kinder, dann willst du nichts anderes. Du hast alles. Ich spürte, dass auch die drei es kaum erwarten konnten, ihre »Geschenke« nach meiner Rückkehr zu erhalten. Keiner von ihnen setzte mich unter Druck, aber ich konnte mich gut in sie hineinversetzen.

Mit dem Läufer traf ich mich gestern Vormittag auf der Post. Nach einigem Hin und Her hatten wir einen gemeinsamen Termin gefunden. Sein Mund stand offen, als wollte er gleich eine Fliege verschlucken. Er kam auf mich zu, um mich zu umarmen, und sah mir in die Augen. Doch das kleine Kind in ihm sah auf meine Hände. Ich gab ihm das Päckchen. Er bedankte sich tausendmal, nahm sein Geschenk in Empfang und ging. Dabei lief er nach vorn gebeugt auf dem Bürgersteig und betrachtete es sehnsüchtig. So hatte ich mich seit der dritten Klasse Volksschule nicht mehr gefühlt, als der heilige Vassilios mir meinen ersten Tischfußball geschenkt hatte.Nächste Vorstellung beim Technikfreak. Ich ging bei ihm zu Hause vorbei, um ihm sein Päckchen zu übergeben. Wir trafen uns unten.

Er gab sich gleichgültiger, doch ich wusste, dass er auf glühenden Kohlen saß. Wir redeten lang über Wind und Wetter, denn ich spanne ihn gern auf die Folter. Ich sagte ihm gute Nacht und gab ihm das Päckchen erst zum Schluss. Beim Wegfahren sah ich, dass er in seinem Auto hinter dem Lenkrad saß, die Innenbeleuchtung angeknipst hatte und das Geschenk neugierig beäugte. Er hatte es nicht einmal bis hoch in seine Wohnung ausgehalten. Fröhlich fuhr ich weiter und sah, wie das Licht im Auto immer kleiner wurde und mein Freund sich über sein Glück beugte. Meiner Freundin gab ich das Geschenk nachmittags bei einer gemeinsamen Aktivität. Sie hatte nicht damit gerechnet, dass ich auch den Pizzakarton mitgebracht hatte. Ich erklärte ihr, dass ich alles versucht hatte, um es nicht auspacken zu müssen, damit sie größere Freude daran hätte. Ich überreichte ihr den Karton. Ihr Blick war der einer Fünfjährigen, die vom heiligen Vassilios die perfekteste Puppe der Welt bekommen hat. Auch sie stand mit offenem Mund da. Sie umarmte mich und drückte mich, bis wir miteinander verschmolzen.

Das waren die schönsten Momente meiner Reise.

Es ist toll, ein Kind zu sein und darauf zu warten, dass dir der heilige Vassilios dein Geschenk bringt.

Aber noch toller ist es, selbst der heilige Vassilios zu sein.

Killekille

_____**ES WAR DIE PERFEKTE** Zusammensetzung. Nach kurzer Beratung beschloss die Plenarversammlung, dass wir uns bei mir zu Hause treffen würden. Keine meiner Töchter konnte sich beschweren. Es würden die beste Freundin meiner Jüngeren, eine enge Freundin der Großen und der einzige Junge kommen, der bisher den Zutritt zum geschlossenen Kreis der Mädchen geschafft hatte. Doch auch ich konnte mich nicht beschweren. Besonders für diese Eltern habe ich eine Schwäche. Wir Erwachsenen hatten es uns vor dem Kamin mit Wein und Häppchen gemütlich gemacht und erzählten uns vertrauliche Dinge. Die Kinder hüpften wie Zicklein auf dem Trampolin oder spielten zur Abwechslung mit kleinen Fahrrädern, Autos, Bällen und Versteckspielen. Sie hatten das Haus fast demoliert, aber das kümmerte uns überhaupt nicht. Höhepunkt des Abends war, als ich und ein anderer verrückter Vater die Kinder eins nach dem anderen auf das Trampolin stellten und sie mit einem gemeinsamen Sprung hoch – sehr hoch – in die Luft beförderten.

Es war schon spät, als unsere Freunde heimgingen, und die kleinen Mädchen fanden weder Worte noch die Kraft, um ihre Gefühle zu beschreiben. Hätte man ihr Lächeln ausgebreitet, hätte es die ganze Welt umspannt. Ich kann mich nicht erinnern, wann wir uns das letzte Mal so amüsiert hatten.

»Sagt mal, wollt ihr ›Killekille‹ spielen?«

»Ja!!!«

»Killekille« ist unser Spiel kurz vor dem Schlafengehen, das wir schon spielten, als die beiden noch klein waren. Papas Hand berührt verschiedene Stellen an ihrem Körper und erzählt eine Geschichte. Wir hatten Zeit.

Es beginnt immer beim Rücken. Dann ist der Bauch dran. (1. Vereinbarung, 2. Handlung.) Dann redet die Nase und danach die Stirn. Wenn sie in Stimmung sind und noch Kraft haben, geht die Geschichte endlos weiter. Der Clou sind die Stellen, an denen sie kitzlig sind. Wenn die drankommen, lachen sie schon im Voraus los. Bei der gestrigen Speisekarte sagte der Küchenchef also, er werde diese Stellen für den Schluss aufheben. Also beschlossen der Hals, die Achsel, der Nabel, die Taille (Elektroschock) und der Schenkel, alle auf einmal zu reden. Je weiter das Spiel ging, desto mehr lachten die Kleinen sich in Erwartung des Kitzelns kaputt. Ich kitzelte sie im unverhofftesten

Moment, und sie fingen an zu gackern, als gäbe es kein Morgen. Wir waren alle drei so glücklich.

Die Jüngere überrascht mich immer wieder auf ihre eigene Art. Irgendwann, ganz unerwartet, umarmte sie mich fest. So fest, wie eine Napfschnecke am Felsen klebt. Sie rührte sich nicht und blieb an mir kleben. Enger ging es nicht.

»Soll ich euch was sagen, Mädchen?«

Wenn ich in diesem Ton spreche, wissen sie, dass etwas Wichtiges folgt.

(Stille)

»Wisst ihr, was ich mir vom neuen Jahr wünsche?«

»Was denn, Papa?«

»Noch so einen Moment wie diesen. Sonst nichts.«

Darauf sagten wir nichts mehr.

In einer großen Umarmung schliefen wir alle drei ein, als wären wir miteinander verschmolzen.

Reich ist nicht der,
der viel besitzt.
Reich ist der,
der mit wenig auskommt.

Von Herzen

_____ **ES GIBT EIN PAAR MENSCHEN,** die herausstechen. Wären sie Videos, hätten sie Millionen Views.

So ein Mensch ist Spiros. Er ist buchstäblich ein Engel. Als wäre er der Chef des Paradieses auf Erden. Wenn das Paradies eine Steuer-ID hätte, wäre Spiros der Geschäftsführer. Derjenige, der die Jahresabschlüsse unterschreibt.

Immer liebenswürdig. Fröhlich. Geduldig sitzt er in der Massagepraxis auf dem Sofa, bis er an der Reihe ist. Während er dort sitzt, lächelt er. Als würde er beten. Für alle. Für sich selbst, für dich, deine Kinder, für Unbekannte, für das Universum. Ich schätze, auch für seine Feinde. Sein Leben ist ein fortwährendes Gebet. Er teilt gute Wünsche aus und verbreitet positive Energie. So wie ein Wasserschlauch, der unaufhörlich die Pflanzen bewässert.

Seine Arbeit passt hundertprozentig zu ihm. Spiros verkauft natürliche Nahrungsergänzungsmittel. Direkt aus der Natur. Oregano-Öl, Kreuzkümmel und dergleichen. Ich habe alles gekauft. Spiros verkauft nie etwas. Doch du kaufst immer etwas. So einer ist Spiros.

Neulich brauchte Elena, die mich massiert, Spiros' Hilfe, der auf seinen Massagetermin wartete. »Komm, wir strecken ihn«, sagte sie zu ihm. Früher hätte ich vielleicht Angst gehabt oder mich verkrampft oder was weiß ich. Jetzt nicht mehr. Heute lasse ich völlig los.

> Ich lasse bei allem los.
> Vor allem im Leben.

Spiros kam also und zog mich auch lang. Kräftig, aber es war eine Erleichterung. Meine Wirbelsäule dehnte sich, mein Inneres wurde durchgelüftet. Alles lockerte sich.

Spiros habe ich höchstens fünf Mal gesehen. Aber er lächelt immer. Als würde er mir kostenlos Energie schenken. Als würde er mich mit einer Extraportion Liebe dopen. Als würde ich mein Auto in die Waschanlage bringen und es käme blitzblank heraus. Außen und innen. Körper und Seele. Es ist, als wäre sein Lächeln ein Staubwedel, der den ganzen Staub wegfegt.

Letztes Mal brauchte ich Anleitungen für einige Nahrungs-ergänzungsstoffe. Als ich auf Spiros zuging, drehte er sich ganz zu mir her, neigte sich vor und erklärte mir alles. Sanft und ruhig. In einfachen Worten und ganz liebevoll.

Wieder hatte er einen neuen Menschen aus mir gemacht.

Ich bedankte mich und verabschiedete mich.

Ich dachte, wir seien fertig.

Er wollte zum Schluss aber noch etwas sagen.

Das tat er, als ich gerade gehen wollte:

»Von Herzen.«

Er lächelte übers ganze Gesicht.

Ich drehte mich um und sah ihn an.

Seine Augen sprachen Bände.

Und meine schwammen in Tränen.

Playstation

_____ **BEIM VERLASSEN DES FLUGHAFENS**
öffnete ich gleich die App und erwischte ihn sofort. Er hieß
Mohammed. Er befand sich ganz in meiner Nähe. Die 4,9 von
5 Punkten und die 1500 Fahrten, die er schon gemacht hatte,
waren das Tüpfelchen auf dem i. Zwei Minuten später war er da.
Ein schwarzer Toyota kam auf mich zu. Ich checkte das Num-
mernschild und stieg ein. Ich lächelte ihm zu. Er lächelte zurück,
aber nicht viel. Als hätte sein Lächeln einen Stopper gehabt.
Hilfsbereit hob er den Koffer in den Kofferraum, und wir fuhren los. Bei Uber braucht man das Fahrziel nicht anzugeben,
weil man es schon im Handy eingegeben hat. Noch ein Anlass

weniger, um ins Gespräch zu kommen. Sicherheitshalber erinnerte ich ihn noch einmal dran. Er antwortete bestätigend. Nicht schroff. Nicht unhöflich. Aber hey, wie soll ich sagen … Wäre er ein Kardiogramm, wäre es eine gerade Linie gewesen. Die Linie eines Toten. Neben mir lag eine Flasche Wasser. Offenbar für die Kunden. Ich fragte ihn, ob ich sie haben könne. »Natürlich«, kam die Antwort. Auch sie unlebendig. Auf der Fahrt hörte er Nachrichten. Der Nachrichtensprecher bewegte sich irgendwo zwischen Trump, einem Mord und der NBA. Auch er war halbtot. Mohammed tat, als würde er mich nicht hören. Er war auf die Straße fokussiert und fuhr sicher. Und schnell, als wollte er das GPS übertreffen und auf Biegen und Brechen noch eine Fahrt reinquetschen, weil er seine Familie ernähren musste. Ein echter Lebenskünstler. Bauch, liebenswürdiges Gesicht, zerknittertes Hemd. Wir kamen zum Hotel. Er holte schnell den Koffer heraus und verabschiedete sich. Höflich, aber ausdruckslos.

Ich betrat das Hotel und ging zu der Dame rechts. Auch sie lächelte mir zu. Noch unbeseelter als Mohammed. Sie fragte nach meinem Ausweis und meiner Kreditkarte. Ich sah, dass sie skeptisch war. Kurz darauf informierte sie mich, dass die Kreditkarte nicht durchging. Sie sah mir in die Augen. Leerer Blick. Er ließ sich nicht beschreiben, weil er inexistent war. Ich bat sie, es noch einmal zu versuchen. Sie sagte, sie habe es schon dreimal versucht, und erklärte mir, dass ich nicht einchecken könne. Wenn das Gefühl eine Palme ist, sprechen wir hier von der Sahara. Sie rief ihren Vorgesetzten. Der Typ kam. Er war ein bisschen lebendiger. Wahrscheinlich wurde man hier je nach dem Grad der Lebendigkeit befördert. Schließlich ging die Karte durch. Am Schluss sah die junge Frau mich zufrieden an. Auch diese Zufriedenheit spürte ich nicht, weil sie selbst sie auch nicht spürte. Zum Schluss fragte sie mich, ob ich gern eine Flasche Wasser hätte. Sie merkte, dass ich am Limit war. Ich bedankte mich. Da lächelte sie einen Tick mehr. Vielleicht auch zwei. Auf keinen Fall drei.

Diese Menschen sind nicht gut oder schlecht. Leider sind sie repräsentativ für Großstädte. Vielleicht wäre ich auch so, wenn ich in New York wohnen würde. Aber hey, ich will meine Menschlichkeit nicht verlieren.

```
Die Gefühle sind es, durch die
      ich lebendig bleibe.
```

Ich will kein Roboter sein. Du wirst sagen: Wenn Mohammed nach Hause kommt, wird er mit seiner Familie anders umgehen. Oder die Rezeptionistin mit ihrem Freund. Da bin ich mir nicht sicher. Wie gut kann man Fußball spielen, wenn man den ganzen Tag Basketball spielt?

Früher war ich verrückt nach Computerspielen. Zum Glück habe ich damit aufgehört.

Ich weiß noch, dass wir damals ein Match mit der Playstation spielten und die Grafikkarten noch primitiv waren. Inzwischen sind Grafikkarten unvorstellbar weit entwickelt. Manchmal sehe ich, wie auf den großen Fernsehmonitoren Fußball gespielt wird, und weiß nicht, ob wirklich gespielt wird oder ob es die Playstation ist.

Davor habe ich Angst, liebe Leute:

Dass wir zu Playstations werden.

Ratschläge für meine Kinder

_____ (UND FÜR ALLE KINDER DIESER WELT)

1. Sei besser eine Stunde früher da als eine Minute zu spät.
2. Gib bei allem, was du tust, dein Bestes. .
3. Hab keine Angst vor Misserfolg. Der einzige Misserfolg ist, Angst davor zu haben, auf die Nase zu fallen.
4. Verfehle lieber tausendmal ein hohes Ziel, statt dich damit zufriedenzugeben, ein einfaches zu erreichen.
5. Ertrage lieber die schmerzhafte Wahrheit, als dich mit einer Lüge zu verhätscheln.

6. Gefühle sind das Einzige, was du besitzt. Lache, weine, feiere, fühle den Schmerz, nur lass dich nicht von ihm überwältigen.

7. Du wirst verpasste Sonnenaufgänge, verpasste Umarmungen und die versäumten Dankesworte bereuen, aber nicht die verpasste Fernsehsendung.

8. Verzichte lieber tausendmal aufs Essen statt aufs Lernen. Wissen ist Macht. Du wirst nicht für deine Zeit bezahlt, sondern für deinen Wert. Erhöhe ihn täglich.

9. Geld ist weder gut noch schlecht. Es kommt darauf an, was man damit macht.

10. Vergeude nicht dein Leben. Du hast tausend Monate. Streiche das Wort »wenn« aus deinem Leben. Lebe für das Jetzt. Kümmere dich um das Heute. Um das Morgen kümmert sich jemand anderer. Und manchmal gibt es kein Morgen.

11. Frag nicht, warum. Frag wie. Das Warum bringt dich zum Problem zurück. Das Wie führt dich zur Lösung.

12. Erfolg ohne Glücksgefühl bedeutet Misserfolg.

13. Wenn jemand nicht das hat, was er haben will, dann nicht, weil er es nicht haben konnte, sondern weil er irgendwann aufgegeben hat.

14. Es ist deine Wahl, ob du dich über etwas ärgerst, das du nicht hast, oder dankbar bist für das, was du hast.

15. Bewegung bedeutet Leben. Geh spazieren, joggen, tanzen oder tu irgendetwas anderes, wozu deine Seele Lust hat. Aber setz keinen Staub an. Sonst verstaubt alles andere auch.

16. Urteile nicht. Lerne nur.

17. Für alle weht derselbe Wind. Stell dein Segel richtig auf.

18. Reichtum bedeutet nicht, etwas zu besitzen. Reichtum bedeutet, etwas zu geben.

19. Achte darauf, wie du mit dir sprichst.
20. Setze dir Ziele. Sonst führt dich dein Leben in eine unerwünschte Richtung.
21. Liebe dich. Sei nachsichtig mit dir. Stell hohe Erwartungen an dich, aber mach dir das Leben einfach. Nicht schwer.
22. Wenn du etwas haben willst, dann bitte darum. Und sag auch, wenn dich etwas stört. Behalte es nicht für dich.
23. Sei freundlich. Liebe. Lächle. Rette ein Insekt, das um sein Leben kämpft. Dieses Insekt bist du.
24. Wichtig ist nicht, was du weißt, sondern was du tust.
25. Das Leben ist dir nichts schuldig. Du schuldest *ihm* etwas.
26. Stell zuerst Erwartungen an dich selbst und dann an die anderen.
27. Wenn du die leichten Dinge tust, wird dein Leben schwer sein. Wenn du das Schwere tust, wird dein Leben leicht sein.
28. Schuld sind nicht die anderen. Der andere ist nie schuld.
29. Jeder Tag ist ein Geschenk. Öffne es. Wirf es nicht weg.
30. Du wirst nicht alt, weil du älter wirst. Du wirst alt, weil du nicht mehr lachst.

Du wirst geliebt, auch, wenn du nichts davon tust.

Papa wird dich
immer lieben.

Die Motivation

—— **DEN ERSTEN DÄMPFER GAB ES** am Wochenende gleich bei der Begrüßung. Bei der Übergabe durch ihre Mutter.

»Am Wochenende haben sie viele Hausaufgaben auf.« Ja, richtig, sie waren drei Tage lang weg gewesen, und da hat sich einiges angesammelt.

Auf die Wochenenden warten meine Töchter und ich immer sehnlich. Darauf, alles zu tun, was wir nicht getan haben, und alles zu besprechen, was wir nicht besprochen haben.

Wir Väter sind lockerer drauf als die Mütter.

»Papa, gehen wir am Sonntag in einen Escape Room?«

Ich hatte sogar einen Theaterbesuch mit einigen ihrer Freundinnen und deren Eltern eingebaut.

Als ich sie in Empfang nahm, landete ich gleich einen Volltreffer:
»Mädels, euer Sonntag ist gebongt!«

»Juhu!«

»Ja, aber damit wir alles schaffen, müsst ihr am Samstag erst eure Hausaufgaben machen.«

Kurzum: Sie fingen am Samstag um fünf Uhr nachmittags damit an, sobald wir wieder zu Hause waren. Ich brauchte nicht viel zu sagen. Nicht einmal zu der Jüngeren. Es waren viele Übungsblätter. Nach drei Stunden kassierte ich die erste kalte Dusche:
»Wie viele Übungsblätter habt ihr noch?«

»Acht oder neun, glaube ich.«

Ich erschrak. Sie würden mit Ach und Krach um Mitternacht fertig sein. Beide waren vorbildlich.

»Papa, schauen wir uns ein Video an?«

»Was ihr wollt, Mädels. Ihr habt alles gegeben. Und noch was …«

»Was denn, Papa?« (O je …)

»Morgen dürft ihr von mir aus machen, worauf ihr Lust habt. Gut gemacht!«

»Juhu!«

Feiere deine Siege.

Es ist etwas Wunderbares, sich am Leben zu erfreuen. Warte nicht darauf, es zu genießen.

Das Leben spielt sich im Jetzt ab.
Entweder genießt du es,
oder du genießt es nicht.

Das Morgen kann kommen oder auch nicht. Du hast nur das Jetzt.

Am nächsten Tag holten wir also Freundinnen, Eltern und die Oma ab. Ich lud sie alle in den kleinen Van, und wir fuhren los. Gerade rühmte ich vor den anderen die Leistungen der Mädchen, als meine Mutter mich unterbrach und den Spruch des Jahrtausends brachte:

»Gut gemacht, Mädchen. Aber weißt du auch, was der Schlüssel war, Stefanos?«

»Was denn, Mama?« (Okay, sag halt, was du zu sagen hast.)

»Sie waren motiviert. Sie hatten einen wichtigen Grund, es zu tun, also mussten sie arbeiten.«

Motivation ist so wichtig. Um im Leben irgendetwas zu tun, brauchst du eine starke Motivation. Einen wichtigen Grund. Du musst es von ganzem Herzen wollen. Es dir brennend wünschen. Dich mit Leib und Seele danach sehnen. Wenn du motiviert bist, wirst du es tun. Wenn nicht, dann wirst du es nicht tun. So einfach ist es.

Neulich hörte eine Freundin eines Abends mit Rauchen auf. Vierzig Jahre hatte sie damit gekämpft. Wie hat sie es geschafft? Ganz einfach: Es tat ihr weh. Sie wollte mit ihrer Enkelin spielen und konnte nicht. Nicht, weil sie nicht wollte. Sie war dabei außer Atem gekommen. Es tat ihr so weh, dass sie damit aufhörte. Das Enkelkind war ihr viel wichtiger als das Rauchen. Das Enkelkind war ihre Motivation. So einfach ist es.

Ich habe einen Kumpel, den Aris. Irgendwann zerstritt er sich mit seinem Vater, und sie trennten sich geschäftlich. Aris war wütend. Jetzt musste er beweisen, dass er es allein schaffte. Du hättest seine Augen sehen sollen. Sie blitzten. Wir trafen uns, um die Sache zu besprechen.

»Wirst du mir helfen, Stefanos?«

»Klar, Aris. Das wird super.«

»Warum bist du dir so sicher?«

»Weil du motiviert bist. Egal, was du dir vornimmst, du wirst es schaffen. Du hättest deine Augen sehen sollen.«

Motivation ist der wichtigste Schlüssel deines Lebens.

Was soll ich also tun?

Finde für alles, was du tust, eine starke Motivation.

Echt?

Echt.

Und was ist die stärkste Motivation?

Dass du das, was du tust, unbedingt willst. Dass du es liebst. Dass du nicht ohne es leben kannst.

Ich folge ihm jetzt schon seit Jahren. Ein junger Mann. Einer der brillantesten Redner. Er heißt Simon Sinek. Wenn er spricht, bleibt einem die Luft weg.

Einer seiner schönsten Sprüche lautet:

Hart für etwas zu arbeiten, was dir egal ist, nennt man Stress.

Hart für etwas zu arbeiten,
was du toll findest,
nennt man Leidenschaft.

Spaziergang im Leben

_____ **SIE HATTEN OMA UND OPA** seit Tagen nicht gesehen. Ich setzte sie dort ab und fuhr weg, mit unbekanntem Ziel. Ich brauchte gerade mal anderthalb Stunden. Mein Auto fuhr mich, ohne mich zu fragen. Ich stellte es irgendwo ab und begann mit meiner Runde. Auch meine Füße trugen mich von ganz allein. Ich ging langsam, um zu beobachten. Zeitlupe nannten wir das früher, und sie zeigte deutlich alle Phasen einer Bewegung.

Zuerst die Schaukeln. Frischgebackene Eltern genossen ihre kleinen Kinder. Manche hatten sie im Arm, andere fest an der Hand, wieder andere hatten sie im Blick. Sie wirkten besitzergreifend.

Innerlich lächelte ich süßsauer, während ich mir meine Lieblingstante in Erinnerung rief, die nicht mehr lebt.

Danach bog ich von der Hauptstraße ab, um mir ein paar Schaufenster anzuschauen. Das kann man auch Dribbeln nennen. Da lief er mir über den Weg. Er durchsuchte den Abfall. Tassos bin ich schon mehrmals begegnet. Es gibt niemanden, der mehr Würde hat als er. Weicher Blick, freundlicher Gesichtsausdruck, graues Haar und ein Kultbärtchen. Ein schöner Mann. Das erste Mal, als ich ihm vorgeschlagen hatte, ihm etwas zu essen zu kaufen, überraschte er mich mit seinen guten Manieren: »Ich will Ihnen keine Mühe machen« war seine Antwort. Seit zehn Jahren ist er obdachlos. Ich habe ihn nie betteln sehen. Er durchsucht immer voller Selbstachtung den Abfall nach lebensnotwendigen Dingen. Ich kaufte ihm Souvlaki, und wir setzten uns hin und unterhielten uns. Ich bot ihm noch einmal an, etwas zu tun, um ihm zu helfen. Er zögerte. Das respektierte ich. Ich ließ ihn in Ruhe und ging weiter.

Etwas weiter träumte eine pummelige Katze neben einem Pfeiler vor sich hin. Eine freundliche Frau bückte sich und streichelte sie, aber die Katze war nicht sonderlich davon begeistert. Aus den Augenwinkeln konnte ich das schöne Gesicht der Frau erkennen. Eine von denen, die sich um andere kümmern; die Freude und Schönheit teilen. Vor allem aber selber Freude haben. Gleich in der Nähe saßen zwei Taxifahrer wie Fußballspieler auf einer Bank und warteten auf die nächsten Kunden. Sie vertrieben sich die Zeit mit Kommentaren. Einer war eher dünn, der andere eher dick, man hatte seine Freude an diesem Anblick. Sie saßen nebeneinander und genossen die kurze Pause. Ich stahl ihnen ein bisschen von ihrer Freude und ging weiter.

Er überholte mich hastig. Sein Gesichtsausdruck war von einer himmelschreienden Grimmigkeit. Müde, resigniert, lichtes, geöltes Haar, barscher Gesichtsausdruck, unrasiert, erschöpft, zornig. Hochgezogene Augenbrauen, total angespannt. Er setzte sich in einen Fastfoodladen, zündete sich eine Zigarette an – auch das wütend – und fing an, die Missstände zu beobachten. Mit so jemandem willst du nicht groß was zu tun haben, und er auch nicht mit dir.

Ich ging weiter. Manchmal kam jemand auf mich zu, manchmal überholte mich jemand. Als wären sie alle Moleküle derselben Materie, die sich in alle Richtungen bewegten. Und doch bilden wir eine kompakte, einheitliche Masse.

Ich fuhr zu meinen Eltern zurück, holte die Mädchen ab und brachte sie zu ihrer Mutter. Ich hatte vor, bald zu verreisen, und würde sie zwei Wochen lang nicht sehen. Wir setzten uns auf die Stufen und umarmten uns. Sie wollten nicht von mir ablassen. Zuerst verabschiedete sich die Große. Die Kleine wollte mich nicht loslassen. Sie wollte, dass wir unsere üblichen Späßchen machten. Schließlich ging ich. Aus den Augenwinkeln sah ich sie die Treppe hochgehen. Irgendwann trafen sich unsere Augen. Ihr Blick ging mir durch und durch und bis auf den Grund.

Ich fuhr zurück nach Hause. Innerlich leer und doch zugleich voller Gefühle. Die Kinder auf dem Spielplatz, Tassos, der wütende Typ, die Frau mit der Katze, die Menschen, die hin und her liefen. Ich sah sie jetzt alle viel klarer, während ich den Film noch einmal Revue passieren ließ. Als ich die Treppe hochstieg, fielen mir die einsamen Flip-Flops der Mädchen auf. Die meiner Älteren standen ordentlich nebeneinander. So wie sie selbst war.

Die der Kleinen übereinander. Ohne Regeln. So wie ihr Inneres.
Danach das Zimmer mit den Legosteinen. Dunkel. Ohne Leben.
Ich empfand Schmerz, ich empfand Freude, es kamen Gedanken, Erinnerungen und Gefühle in mir hoch. Alle auf einmal, aber auch zugleich keins davon.
Ich habe einen Freund auf dem Markt.
Er verkauft Orangen.
Jedes Mal sagt er dasselbe.
»Vier Euro. Darf's ein bisschen mehr sein?«

»Klar, warum nicht, mein Lieber?«

Griechenland und noch mal Griechenland

___ **NACH LANGER ZEIT** bin ich wieder mal in meinem Lieblingslokal. Ich habe einen Bärenhunger und setze mich draußen hin. Bei uns in Griechenland setzt man sich draußen hin, wenn man Lust darauf hat. Ich bestelle meine Makkaroni bei meinem Kumpel, dem Kellner. Er spricht mich an und beschwert sich, dass ich mich nicht habe blicken lassen. Neulich war ich in New York.

Die Wahrscheinlichkeit ist größer, dass mir wieder Haare auf dem Kopf wachsen, als dass dort ein Kellner ein Gespräch mit dir anfängt, selbst wenn er dich kennt. Dort bedeutet Zeit Geld. Das Gespräch zählt nicht.

Kurz darauf kommen meine Makkaroni. Genau wie ich sie mag. Mit frischen Tomaten und viel Käse am Tellerrand. Die Kinder wissen, wie ich sie esse. Ich gebe bei jedem Bissen nach und nach etwas von dem Käse drauf, damit er auf der Tomatensauce nicht matschig wird. Mein Freund hat es so richtig gut mit mir gemeint und mir anderthalb Portionen aufgeschöpft, obwohl ich nicht darum gebeten habe. In Griechenland sind wir nämlich freigebig. Im Ausland berechnen sie die Portion grammweise. Kurz danach kommt Kyr Nikos, ein anderer Stammgast. Weißes Haar, wunderschöne meerblaue Augen. Er stellt sich neben den anderen Kellner und plaudert mit ihm. Freundschaftlich und fröhlich. Irgendwann berühren sie sich. Einer legt dem anderen die Hand auf die Schulter. Sie fühlen sich einander nah.

```
        In  Griechenland
lieben  wir  nämlich  Körperkontakt.
```

Nicht von ungefähr gibt es das Wort Gastfreundschaft. Im Grunde genommen ist es Liebe. In manchen anderen Ländern kann es dir passieren, dass du angezeigt wirst, wenn du andere ohne deren Zustimmung berührst.

Irgendwann kommt ein beleibter Mann und setzt sich zu mir. Wirklich sehr beleibt. Er fängt ein Gespräch an. Freundschaft-

lich, höflich. Kennst du den Blick mancher Hunde, die dich an-
rühren mit der Art, wie sie dich anschauen? Solche Augen hat
er. Und das Herz eines kleinen Kindes. Das Eis schmilzt. Wir
wechseln ein paar herzliche, schöne Worte, die uns einander nä-
herbringen. Typisch Grieche, noch so einer von meiner Sorte.
Ich will gehen und verabschiede mich von ihm.

Kurz bevor ich aufstehe, kommt hastig ein netter Typ heraus,
in der Hand die Tüte mit dem Essen, das er für zu Hause gekauft hat.

Alle werden von seinem Lachen und seiner guten Laune über-
schwemmt.

»Griechenland und noch mal Griechenland!«, ruft er laut, als
wären wir alte Bekannte.

Du sagst es, mein Lieber!

Die Idioten

_____ **JEDEM VON IHNEN** begegnete ich in seinem Land. Sie ähnelten sich wie zwei Wassertropfen. Einige nennen sie Väter. Ich nenne sie Idioten.

Dem Ersten begegnete ich in Kalifornien. Dort war ich, weil ich mir ein paar wichtige Speaker anhören wollte. Ich bin ganz verrückt nach Frühstücken und mache gern die besten ausfindig, wenn ich auf Reisen bin. Ich hatte meines also bestellt und sah mich um. Die besagte Familie kam und setzte sich mir gegenüber. Papa, Mama, Junge und Mädchen. Der Junge setzte sich neben den Vater und das Mädchen neben die Mutter. Der Typ war mir von Anfang an unsympathisch. Aggressiv, gerunzelte

Stirn und toxisch wie Trump. Zum Bersten voll mit negativer Energie. Er hatte an allem etwas auszusetzen, am meisten an sich selbst. Es war nur eine Frage der Zeit, bis er explodierte. Man spürte es.

Irgendwann bat das Mädchen ihn um sein Handy. Er gab es ihr. Unwillig. Die Mutter beobachtete ihn, weil sie wusste, dass die ganze Situation am seidenen Faden hing. Nach nicht mal einer Minute explodierte der Typ aus heiterem Himmel. Mit lauter Stimme machte er eine kritische Bemerkung zu seiner Tochter. So, dass der ganze Laden es mitbekam. Das Mädchen wurde rot. Die Mutter wollte etwas sagen, verkniff es sich aber. Der Junge machte keinen Mucks, um sich keinen Ärger einzuhandeln. Der Vater fixierte das Mädchen mit diesem tödlichen Blick, der einem die Seele auffrisst. Richtig bedeutungsvoll und giftig. Die Kleine duckte sich, die Tränen traten ihr in die Augen, und sie fing an zu weinen. Der Arsch war nicht zu bremsen. Die Mutter nahm das Mädchen in den Arm. Dieses lehnte sich an sie und war untröstlich. Am liebsten hätte ich dem Typen die Faust in den Magen gerammt. Irgendwann trafen sich unsere Blicke. Er verstand, was ich dachte. Es war mir vollkommen egal.

Gestern schlenderte ich durch das sonnige Iraklion auf Kreta und ging zur Kirche des heiligen Titos, um eine Kerze anzuzünden. Da begegnete ich zufällig dem Klon des Idioten. Der hier war ein »echter« Grieche. Sein Sohn versuchte, eine Kerze anzuzünden. Der Typ durchbohrte ihn mit einem giftigen, wütenden, tödlichen Blick. Mit vor Wut verzerrtem Gesicht sagte er zu ihm (als würde er ihn verprügeln): »Begreifst du nicht, dass das, was du getan hast, Konsequenzen haben wird?« Auch hier ein Blick, der einem die Seele auffrisst. Der Junge wäre am liebsten im Boden versunken.

Es ist nicht das, was du sagst, sondern wie du es sagst.

Du hast das Recht zu sagen, was du willst. Du hast aber keinerlei Recht, einen anderen anzugreifen, egal, wer es ist. Schon gar nicht, wenn es ein Kind ist. Das ist ein ungleicher Kampf. Als würde sich ein Elefant mit einer Ameise anlegen. Es ist ungleich, es ist ungerecht, und es ist gesetzwidrig. Solche Eltern machen mich verrückt. Am liebsten würde ich sie schütteln.

Neulich waren meine Mädchen bei ihrer Mutter. Manchmal zoffen sie sich wegen irgendeiner Lappalie.

Wütend ruft die Große mich an. Wenn sie so drauf ist, ist es, als würde das Handy anders klingeln. Ich gehe dran. Sie kommt sofort zur Sache:

»Papa? (Nicht mal eine Begrüßung.) Gibt es Gerichte für Kinder?«

(Ich habe kapiert, was Sache ist.) »Ich glaube nicht, mein Schatz. Warum?«

»Weil es für manche Kinder wie Enia (ihre Schwester) welche geben müsste.«

Sie redet weiter, und ich versuche, mein Lachen zurückzuhalten. Meine Tochter hat Recht.

Für solche Eltern sollte es Gerichte geben.
Man dürfte sie nicht einmal Eltern nennen.

Sondern Idioten.

Vater

____ **OPERN LIEBE ICH ÜBER ALLES**. Ich gehe auch gern ins Kino und ins Theater. Doch die Oper ist die Königin. Sie verbindet Theater, Lied, Poesie und Drama. Sie verbindet absolute Übertreibung mit Gefühl. Manchmal ist es, als würde ich dadurch in einen Sinnesrausch geraten, der sich total steigert und das Getriebe kaputt macht. Aber so weit kommt es nie. Er erlöst es nur.

Gestern gingen wir ins Kulturzentrum der Stavros-Niarchos-Stiftung, jenen wunderbaren Freizeitkomplex, der unsere Stadt ziert. Wir wollten uns *Manon* ansehen. Wir hatten gute Plätze, die beiden daneben waren aber komischerweise nicht besetzt.

In der ersten Pause kam ein Vater mit seinem Sohn, und die beiden setzten sich neben uns. Er war Mitte vierzig, der Junge, wenn's hochkam, fünfzehn. Diskret gingen sie vor uns vorbei, und obwohl Pause war, bat der überaus höfliche Vater um Entschuldigung. Ich sah sie nicht mehr, weil die Vorstellung mich sofort mitriss.

In der darauffolgenden Pause hatte ich jedoch Gelegenheit, sie zu bewundern. Der Vater ein höflicher, feiner Mann von Format, was sich deutlich zeigte, ohne dass es aufdringlich war. Der Junge wiederum hatte tausend Gründe, in sein Tablet zu versinken, und doch entschied er sich dafür, bei seinem Vater zu sein. Sie setzten sich nebeneinander. Der Junge hatte sich zu seinem Vater gewendet und den Kopf leicht an dessen Schulter gelehnt. Der außergewöhnliche Vater hatte das Programmheft aufgeschlagen und erklärte ihm geduldig ein paar Dinge. Dieser war hingerissen.

Irgendwann sah ich, dass die Hand des Jungen zustimmend auf der seines Vaters lag. Da schmolz ich dahin.

Wie schön, wenn deine Beziehung zu deinem Kind unaufdringlich und zugleich aufrichtig ist. Wie schön, wenn dein Kind sich dafür entscheidet, eine Verbindung mit dir herzustellen, und ihm dies nicht aufgezwungen wurde. So wie für eine Führungsposition sollte man sich auch für das Vatersein entscheiden. Ein Angestellter sollte seinem Chef folgen, weil er ihn respektiert und nicht weil er muss. Ein Kind sollte seinem Vater folgen, weil es sich durch ihn inspiriert fühlt, und nicht aus einer Verpflichtung heraus.

Ich konnte mich nicht an ihm sattsehen. Ich bewunderte diesen Vater sehr und alle Väter wie ihn.

Am Ende der Vorstellung kamen alle Mitwirkenden auf die Bühne und wurden vom Publikum stürmisch empfangen. Als Letzter kam der künstlerische Leiter, Lukas Karytinos, bedeutend als Musiker, aber auch als Mensch. Noch bevor er seinen Platz in der Mitte der Bühne eingenommen und Applaus bekommen hatte, hatte er sich schon verbeugt und zeigte stolz auf die Musiker. Auch sie erhoben sich und wurden vom Publikum begeistert gefeiert. Karytinos forderte nicht eine Sekunde lang Applaus für sich ein, sondern wies fortwährend auf seine Musiker und war stolz auf sie. Als wären es seine Kinder.

Solche Väter berühren mich unglaublich, egal ob sie Führungspersönlichkeiten oder Chefs oder Dirigenten oder Väter im eigentlichen Sinn sind.

```
        Die Vaterrolle
   ist die wichtigste Rolle,
 die dir jemals zugewiesen wird.
```

Sie sollte ganz oben in deinem Lebenslauf, neben deinem Namen stehen. Sie ist genauso wichtig wie dein eigenes Leben.

Von ihr hängen nämlich viele Leben ab.

Die Berührung

___ **ICH HABE IHN SEHR GERN,** auch wenn ich ihn nicht gut kenne. Er ist der Vater einer Freundin. Und er heißt wie ich. Weißhaarig, groß, ein gut aussehender Mann. Er hat eine typische Eigenschaft: Er lacht ständig. Man würde ihn am liebsten auffressen. Ich glaube, sein Gesicht ist ein einziges Lächeln. Als hätte der Schlawiner es sich ins Gesicht tätowieren lassen. Wie der Hauptdarsteller im Film *V wie Vendetta*. Liebenswürdig, freigebig, mutig. Ein Mensch, den man gern rund um die Uhr an seiner Seite hätte.

Als ich heute aus dem Wasser kam, sah ich ihn auch herauskommen. Weißes gepflegtes Haar, schöner Körper, stilvoll. Ich sah ihn mehrere Sekunden bewundernd an und sprach ihn dann an. Mit perfektem Timing rief ich ihm zu: »Kyrios Stefanos!« Als er mich sah, begann er in seiner ganzen Erscheinung zu leuchten. Wie eines dieser Nachtlämpchen am Bett, die wir als Kinder einschalteten, wenn wir schlafen gingen. Sie hatten einen kleinen Knopf. Als ob also bei Stefanos jemand auf den Knopf gedrückt hätte. Er kam auf mich zu und drückte mir die Hand. Fest. Männlich. Wir plauderten über private Dinge. Über seine Kinder, seine Enkel, seine Töchter, seine Ehefrau, die er über alles liebt. Er ließ seine Hand da, die ganze Zeit, mit festem Griff. Ich versuchte irgendwann, meine Hand wegzuziehen, aber er ließ sie nicht los. Wie im Schraubstock. Irgendwann sagte er verschwörerisch:

»Wann immer ich kann, stehle ich mir ein bisschen Zeit und komme zum Schwimmen hierher«, und er sah sich listig um, als wäre irgendein »Spion« in der Nähe und würde ihn hören. Dabei lachte er die ganze Zeit, während er meine Hand immer noch fest umschlossen hielt. Das Ganze dauerte sicher nicht länger als eine Minute. Wir verabschiedeten uns, und dann ließ er meine Hand endlich los. Wenn er gekonnt hätte, hätte er sie womöglich mitgenommen.

Zuerst hatte ich mich verlegen gefühlt, doch dann war es ein wunderbares Gefühl. Seine Energie und seine Liebe hatten sich überall in meinem Körper ausgebreitet. In meinem ganzen Sein. Es gibt manche Menschen, die, wenn sie lieben, richtig lieben. Und wenn sie es zeigen, dann richtig. Und wenn sie dich berühren, dann richtig. Im Grunde genommen sind es diejenigen, die, wenn sie leben, richtig leben. Sie überleben nicht nur. Sie lieben. Und wenn du ihnen das wegnimmst, bringst du sie um.

Vor Jahren war ich in Kanada, wo ein außergewöhnlicher Speaker uns von den Sieben-Sekunden-Umarmungen erzählte und uns aufforderte, es auszuprobieren. Anfangs fühlten wir uns unwohl. Die sieben Sekunden waren endlos. Doch dann war es toll. Die Energie, die wir dabei aufnahmen, war nicht linear, sondern exponentiell. Als ob sie sich jede Sekunde verdoppeln würde. Nach den sieben Sekunden fühlten wir uns wie die Zikade, die ihre alte Haut abgestreift hat und nun eine neue hat. In einem Seminar wurde uns auch von einem Experiment erzählt, das mit Babys im Brutkasten gemacht wurde. Manchen Eltern wurde erlaubt, ihre Babys mehrmals am Tag zu berühren. Die Ergebnisse waren verblüffend. Diese Babys hatten eine viel höhere Überlebenschance und viel bessere Gesundheitsindikatoren.

Liebe weckt Tote auf.

Ist das so schwer zu schlucken?

Famos!

_____ **BEI UNSEREM ERSTEN TREFFEN** machte er keinen besonderen Eindruck auf mich. Ein geradliniger Mensch, um die vierzig, normal, freundlich, konsequent. Jemand, der leicht dein Vertrauen gewinnen würde. Er war Leiter der Autolackiererei und auch derjenige, der meinen Unfallwagen entgegennahm. Wir einigten uns bezüglich des Vorgehens. Um ehrlich zu sein, hatte ich bei irgendeiner Dienstleistung, um die ich ihn gebeten hatte, mehr Entgegenkommen von ihm erwartet, sah aber darüber hinweg, weil er möglicherweise unüberlegt zugesagt hatte, ohne die erforderlichen Genehmigungen einzuholen.

Nach einer Woche unterhielten wir uns wieder, da ich in Bezug auf die nächsten Schritte erste Informationen von der Versicherung bekommen hatte. Die Antwort war die, die wir haben wollten, und ich rief ihn an, um ihm die guten Neuigkeiten mitzuteilen. Ich hatte eine gleichgültigere Reaktion erwartet. Nach der guten Neuigkeit war es in der Leitung kurz still. Seine Antwort kam als Überraschung. Sowohl verbal als auch nonverbal.

»Famos!«, hörte ich am anderen Ende der Leitung. Zuerst schenkte ich dem nicht die gebührende Beachtung. Doch als ich auflegte, begann das Wort sich in mir auszudehnen, so wie sich aufgeschlagene Eier in der Pfanne verteilen, bevor sie ein Omelett werden. »Famos!«

Dieses Wort hatte ich schon lange nicht mehr gehört. Ein wunderschönes Wort, das sich ebenfalls allmählich in dir ausbreitet, bis es deine ganze Seele erobert. »Famos.« Doch warum hatte ich dieses Wort so lange nicht mehr gehört? Warum benutzen wir es nicht öfter?

Es gibt manche Wörter, die etwas so Schönes beschreiben, dass wir sie nicht mehr häufig verwenden. Wie vom Aussterben bedrohte Arten. Als Kind sah ich beim Schnorcheln oft Seepferdchen. Ich habe schon lange keine mehr gesehen. So ist es auch mit diesen Wörtern. Vielleicht weil wir es nicht spüren oder nicht zugeben wollen, dass wir das Gefühl empfinden, das sie hervorrufen. Vielleicht auch weil wir uns nicht gestatten, es zu empfinden. Oder aber weil wir uns mit einem niedrigeren Freudenpegel abgefunden haben. Vielleicht sind auch die Medien schuld, viele Dinge vielleicht.

Und doch ist es mit Wörtern auch ein bisschen so wie mit der Henne und dem Ei. Wir verwenden sie nicht nur, wenn wir uns famos fühlen. Wir verwenden sie auch, um uns famos zu fühlen. Ungefähr so wie eine sich selbst erfüllende Prophezeiung. Man sagt »famos«, wenn man sich famos fühlt, aber man sagt auch »famos«, um sich famos zu fühlen.

Kurzum: Der Typ hatte meinen Tag gerettet. Er hatte mich wieder an ein Wort und ein Gefühl erinnert, das ich schon jahrelang nicht mehr empfunden hatte. Als würde mir mein Banknachbar einen Buntstift schenken, der in meinem Farbkasten gefehlt hat. Einen Marker, den meine Zeichnungen nötig hatten, um leuchtender, lebendiger und intensiver zu werden. Sie und auch mein Leben.

Ich danke dir, Kumpel. Du bist kein Autolackierer.

Du bist ein Arzt.

Der kleine Ball

_____ **AGRINIO, DIENSTAGMORGEN.** Ich hatte Athen mit Aleka, einer guten Freundin von früher, verlassen. Dem war ein wunderbarer Abend vorausgegangen, ein schöner Vortrag und ein unvergesslicher Ausklang mit den freundlichen Besitzern der Buchhandlung, deren Gäste wir waren, in einem außergewöhnlichen Restaurant. Wir vergessen oft, wie großartig unser Land ist, vor allem die Gastfreundschaft. Wären wir irgendwo anders, würden wir uns vielleicht formell mit einem aufgesetzten Lächeln verabschieden, und jeder würde nach Hause gehen. Vielleicht. Aber sicher nicht in Griechenland, wo dir einer in die Augen schaut und sich provoziert fühlt, wenn du dich nicht von ihm zum Essen einladen lassen willst. Es ist sein überbordendes inneres Bedürfnis.

Im Grunde genommen ist es Liebe.

Ich unterhalte mich mit Aleka drei Stunden am Stück, die dahinfließen wie Wasser. Wenn man Spaß hat, vergeht die Zeit nämlich schnell und genussvoll. Aus den Augenwinkeln nehme ich wahr, wie sie mit einem orangefarbenen kleinen Ball spielt, achte aber nicht weiter darauf.

Wir kommen an, und ich setze sie am eigentlichen Ziel ab. Ich habe mich sehr gefreut. Sie auch, glaube ich. Ich schaue wieder den kleinen Ball an. Sie will ihn gerade an seinen Platz zurücklegen. Da fällt es mir ein. Es ist eines dieser Bällchen, die man gegen Stress zusammendrückt. Er liegt schon seit Monaten, vielleicht schon seit Jahren, verlassen im Fach der Beifahrertür.

»Aleka?«

»Ja?«

»Behalte ihn.«

»Wen?«

»Den kleinen Ball.«

»Aber es ist doch deiner.«

»Das war er mal«, sage ich lächelnd.

Wir verabschieden und umarmen uns.

Ich fühle mich bereits erleichtert. Sehr erleichtert. Endlich hat der kleine Ball seinen Platz gefunden. Ich meine, auch der kleine Ball fühlt sich erleichtert. Und froh. Er hat jemanden gefunden, der ihn liebt. Er erinnert mich an die Geschichte von einem Baumschmuck in einem Weihnachtsmärchen. Er ist ganz allein, und niemand beachtet ihn, weil neuer Baumschmuck ins Haus gekommen ist. Schließlich landet er zusammen mit ein paar anderen Abfällen in einem Karton auf dem nassen Asphalt. Andere trampeln darauf herum, bis ein Mädchen ihn entdeckt und sich sofort in ihn verliebt.

Seitdem sind das Mädchen und der Baumschmuck unzertrennlich. Sie hat ihn Sommer wie Winter neben ihrem Bett liegen, bei feierlichen oder weniger feierlichen Anlässen. Der Baumschmuck ist jetzt bei dem richtigen Menschen gelandet, und das Mädchen hat seine andere Hälfte gefunden.

Wie schön ist es, wenn etwas seinen Platz und Gesellschaft findet. Den richtigen Menschen. Auch wenn es nur ein Ding ist.

```
Wer   hat   gesagt,   dass   Dinge
       keine   Seele   haben?
```

Ich denke an den kleinen orangefarbenen Ball und seine neue Freundin und freue mich.

Echt jetzt, das ist nicht dein Ernst, oder?

Du freust dich für einen kleinen Ball?

Du kannst dir gar nicht vorstellen, wie!

Abgrenzung und Selbstschutz

____**SIE ARBEITET BEIM ATHENER** Zivilgericht in der Evelpidon-Straße. Manchmal gehe ich mit meiner Anwältin zu ihr, wenn etwas anliegt. In ihrem Büro – oder besser gesagt: Zimmer -, das groß ist, arbeiten noch drei andere. Alle sind sehr gut. Hier zerbricht eine Überzeugung: Warum um alles in der Welt müssen Beamte im öffentlichen Dienst unbedingt unehrlich sein? Ich habe nie verstanden, warum wir unser Leben durch ausgediente Glaubenssätze einschränken. Sie sind alle hilfsbereit Und sie müssen reichlich Leute abfertigen.

Diese Frau benimmt sich, als wäre sie die Beste. Die Königin unter den Bienen. Nicht mal fünfzig, taktvolle Manieren, eine feine Frau, immer piekfein frisiert und gekleidet. Doch ihr Lächeln ist ihr schönstes Accessoire. Das, was alles hervorhebt.

Gestern wartete ich also mit meiner Anwältin geduldig, bis wir an der Reihe waren. Die Warteschlange rückte stetig weiter nach vorn. Nicht schnell, aber stetig. Nichts zu meckern. Die Frau war sozusagen der Verkehrspolizist. Sie half allen verantwortungsvoll, aber auch gewissenhaft weiter. Der Mann vor uns bedankte sich bei ihr, und dann waren wir dran. Meine Anwältin und sie regelten die Formalitäten. Sie sah mich an, solange es nötig war, und lächelte mir zu. Wieder solange es nötig war. Sie begann mit den Angelegenheiten für das erste Berufungsverfahren und ordnete die Unterlagen. Irgendwann, als sie richtig konzentriert war, wollte meine Anwältin ihr noch ein Dokument geben. Die Frau verlor kurz ihre Konzentration und sah meine Anwältin ein bisschen streng an, als wollte diese gleich bei Rot durchfahren:

»Wenn ich mit dem Ersten fertig bin, dann geben Sie mir bitte das Zweite.«

Meine Anwältin bremste im letzten Moment an der Ampel ab.

Zwei Minuten später sagte die Frau zu ihr:

»Jetzt können Sie es mir geben.«

Meine Anwältin gab es ihr.

Die Frau lächelte sie an.

Zum Schluss gab sie auch mir die Unterlagen zum Unterschreiben.

»Hier«, sagte sie freundlich und markierte mit dem Stift, wo ich unterschreiben sollte.

Wir waren pünktlich fertig. Die Frau lächelte uns an und verabschiedete sich freundlich von uns.

Es ist überhaupt kein Zufall, dass sie lächelt und formell und erfolgreich ist. Diese Frau tut etwas außerordentlich Wichtiges. Etwas, was viele nicht tun. Etwas, für das ich vierzig Jahre lang brauchte, um es zu lernen. Sie setzt Grenzen. Sie hat gelernt, das Zauberwort auszusprechen:

Nein. Sie respektiert als Erste ihren Bereich, damit auch andere ihn respektieren.

> Wenn du deinen Bereich
> nicht respektierst,
> wird niemand es tun.

Und es wird den anderen natürlich keine Schuld treffen. Erst wenn du begreifst, dass dein Bereich heilig ist, wirst du feststellen, dass auch der Bereich eines anderen heilig ist. Das hat diese Frau getan. Sie hat ihr Feld genau umzäunt.

Es fällt uns schwer, Grenzen zu setzen, denn als wir Kinder waren, wurde uns beigebracht, brav zu sein, um geliebt zu werden (braves Kind = ja). Das Nein war ein verbotenes Wort. Ein Wort, für das man dir hierzulande Pfeffer in den Mund streut. Und doch ist ein Nein erlösend. Es zeigt deine Grenzen auf, es steigert dein Selbstwertgefühl, es schützt deine Beziehung und obendrein deine Gesundheit.

Folgender Satz ist einer der Lieblingssprüche meiner Therapeutin Maria:

»Abgrenzung und Selbstschutz: Das gehört zusammen.«

Wie Philemon und Baucis.

Solange es geht

_____ **EINES DER LETZTEN** Sommerwochenenden auf meiner geliebten Insel Tinos. Erster Halt bei der Wallfahrtskirche der Maria Evangelistria. Irgendwo in der Warteschlange vor mir eine Mutter mit ihrem Kind. Der Junge ungefähr acht, neun Jahre alt mit einer Behinderung. Er sieht seiner Mutter in die Augen und versucht gleichzeitig, seinen kleinen, verletzlichen Körper im Gleichgewicht zu halten. Zärtlich erwidert seine Mutter den Blick, so wie die Muttergottes beim kleinen Jesuskind. Das Außenlicht spiegelt sich in ihren Augen. Sie sind feucht und voller Müdigkeit, aber auch voll unendlicher Liebe zu ihrem Kind.

Etwas später, vor der Ikone, eine Frau um die sechzig. Vom Leben geplagt. Aber nicht resigniert. Lange Zeit spricht sie mit der Muttergottes, dann verneigt sie sich. Hinter ihr eine lange Schlange. Keiner von uns protestiert. Wir respektieren und genießen diesen Augenblick. Beim Verlassen der Kirche fällt uns ein junger Mann auf, ein Familienvater, der den bekannten Pilgerweg auf den Knien hochrutscht. Müde, aber gläubig. Tief gläubig war auch die Mutter mit dem Kind, tief gläubig war auch die sechzigjährige Frau. Glaube ist etwas Wunderbares. Er lässt dich Dinge sehen, die andere nicht sehen.

Nächster Halt in einer einzigartigen Bucht direkt am Meer. Um jene magische Zeit, wenn die Sonne untergeht und die Lichter der Menschen angehen. Jene Zeit, wenn der Tag der Nacht, die Realität der Magie und diese Welt der anderen begegnet. Ein paar Fischer, mit bloßem Auge fast nicht zu sehen, heben sich am Anleger mit ihren Angelruten ab. In Formation, als würden sie Ballett tanzen. Könnte doch die Kamera so weit sehen, dass sie sie einfängt! Am Anleger davor spielen drei Katzen miteinander. Manchmal meint man, der eine Anleger ruhe auf dem anderen und die Katzen wären mit den Fischern verschmolzen. Ein einzigartiges Bild. Im Restaurant spielt Musik von Ella Fitzgerald und Nat King Cole. Fünf Sinne sind nicht genug, um all das zu erleben.

Dieses verdammte Leben
ist so schön.

Das Leben findet im Jetzt statt. Nur im Jetzt. Wäre es ein Tempus, wäre es Präsens, und zwar Indikativ Präsens. Der Konjunktiv bedeutet eine Möglichkeit, der Imperativ eine Ermahnung. Das Gestern ist Geschichte. Das Morgen ist ein Drehbuch, eine Wahrscheinlichkeit. Vielleicht trifft es ein, vielleicht auch nicht. Du hast den Teppich ausgerollt und wartest auf den erlesenen Gast. Bis jetzt tut er dir diesen Gefallen und besucht dich. Jeden Tag. Ohne Unterbrechung. Doch irgendwann kommt er nicht mehr. Ohne Grund. Und ohne Vorwarnung. Und du weißt nicht, wann. Niemand weiß es. Nur das Jetzt existiert. Alles andere ist ein Märchen. Vor einiger Zeit war ich in einem Supermarkt. Im Aufzug begegnete ich zufällig einem Mütterchen in Schwarz mit schönen blauen Augen.

»Wie alt sind Sie?«
»Rate mal, mein Junge!«
»Achtzig?«
»Älter …«
»Fünfundachtzig?«
»Noch älter.«
»Neunzig?«
»Minus eins, mein Junge.«
Lächeln und Pause.
»Solange es geht, mein Junge. Solange es geht.«
Sie lächelte und verschwand. Lebe das Jetzt. Stürz dich kopfüber ins Leben. Mit dem, was du hast und nicht hast.

Solange es geht.

Dein Traum

____DU HAST EINEN TRAUM. Das bist du dir schuldig. Es gibt keinen Menschen, der keinen Traum hat. Es gibt Menschen, die sich ihren Traum haben stehlen lassen, aber einen Menschen, der keinen Traum hat, gibt es nicht. Und dein Traum gehört dir genauso, wie dir dein Leben gehört.

Als wir mit unserem Programm für Selbsterkenntnis begannen, das wir gern an allen Grundschulen in Griechenland im Lehrplan einführen möchten, stand nach einem meiner Vorträge ein angehender Lehrer auf und sagte wortwörtlich: »Das werdet ihr nie schaffen. Ihr könnt euch anstrengen, wie ihr wollt. In Griechenland geht so was nicht.« Dann setzte er sich wieder. Uns brach der kalte Schweiß aus. Doch es ärgerte uns und stachelte uns an, die Flinte nicht ins Korn zu werfen. Es war das Öl, das unser Feuer zum Lodern brachte. Mit unserem Traum – dass unsere Kinder das lernen, was wir nie gelernt haben, damit sie nicht denselben Blödsinn machen wie wir – wird *niemand* herumspielen. Lass *niemanden* mit deinem Traum herumspielen. Dein Traum ist heilig. So wie dein Leben.

Es wird da draußen immer mindestens einen geben, der dich in Frage stellt. Aber es kann auch jemand aus dem inneren Kreis sein. Vielleicht aus deiner Familie. Wenn es um deinen Traum, um den Ruf deiner Seele geht, dann lass es dir am Du-weißt-schon-wo vorbeigehen, und wenn es dein eigenes Kind ist. Es soll sich um seinen Kram kümmern und du dich um deinen. Dein Traum ist heilig. Er ist der Grund, weshalb du lebst. Er ist deine Luft zum Atmen. Würdest du dir von jemandem die Luft zum Atmen wegnehmen lassen? Lass dir deinen Traum von *niemandem* stehlen. Von *niemandem*.

Im Jahr 2018 schrieb ich mein erstes Buch. Ich hatte nicht vor, es zu schreiben, aber ich schrieb es. Es war mein Traum. Später schrieben mir manche Menschen Grobheiten. Dasselbe haben dir diese Menschen sicherlich auch geschrieben oder gesagt. *Achte einfach nicht auf sie.*

Manchmal wirst du der Einzige sein, der an deinen Traum glaubt. Weder dein Vater noch deine Mutter, ja nicht einmal dein Schatz. Lass dich dann nur nicht aufhalten. Niemals. Wenn es sein muss, ändere etwas an deiner Strategie, aber niemals an deinem Traum, der dein Herz schlagen lässt. Dein Instinkt, deine untrügliche innere Stimme weiß es besser als alle Spezialisten zusammen.

Respektiere und würdige deinen Traum und steh für ihn ein, als würde dein Leben davon abhängen. Warum? Weil es nämlich wirklich davon abhängt. Erst dann respektierst und würdigst du auch dein Dasein.Du hältst das Mikrofon in der Hand. Du entscheidest, an wen du es weitergibst und ob du es weitergibst. Du entscheidest, ob du die Lautstärke aufdrehst. Sorg dafür, dass du immer die größte Lautstärke hast. Vielleicht haben andere Menschen dir etwas Nützliches zu sagen. Hör ihnen zu. Nimm es in dein Rezept auf, wenn es dir nützlich erscheint. Aber der Koch wirst immer du sein. Du bist der Koch deines Lebens. Du erschaffst deinen Traum, niemand anderer. Dir wird nichts geschenkt werden. Du wirst es dir verdienen müssen. Mit Hartnäckigkeit und Ausdauer. Mit Stärke und Taten. Mit Glauben und Hingabe. Die Leute werden dir Grobheiten sagen und schreiben. Sie werden dich in Frage stellen. Manche werden dich vielleicht provozieren. Hör nicht hin. Bleib bei deinem Traum. Merk dir eine der schlimmsten Grobheiten, die sie dir an den Kopf werfen, und gib nicht auf, bevor du ihnen nicht das Gegenteil bewiesen hast. Aber verlier niemals deinen Traum aus den Augen. Stirb lieber du als dein Traum.

```
Wenn dein Traum stirbt,
  bist du tot, und sie
     haben vergessen,
     es dir zu sagen.
```

Der Hopser

_____ **WIR ENTDECKTEN IHN** total zufällig. Es war auf dem Weg, den meine Töchter damals zum Schwimmbad nahmen. Klein und unmerklich. Fast unsichtbar. Und doch magisch. Alle drei spürten wir ihn auf der Haut, als wir zum ersten Mal an der Stelle vorbeikamen. Ein winziger Hubbel im Asphalt ließ das Auto abheben. Eine Sekunde lang, vielleicht auch kürzer. Beim ersten Mal überraschte er uns. Doch zugleich begeisterte er uns. Und verzauberte uns. Unverhältnismäßig, verglichen mit seiner Größe. Seitdem warteten wir immer ungeduldig auf unsere Schwimmbadbesuche. Wegen des Hopsers. Wegen dieser magischen Sekunde. Wegen dieser einzigartigen

Sekunde. Wegen dieser Sekunde, die uns verband, die uns laut loslachen ließ, die uns einander näherbrachte, die diesen Tag zu etwas Besonderem machte. Dieser kleine Hopser brachte Magie, Freude und Liebe in unser Leben. Wenn auch Freundinnen der Mädchen dabei waren, nahmen wir oft absichtlich genau diese Strecke, wegen des Hopsers. Wir überraschten sie damit. Anfangs wunderten sie sich, warum wir eine andere Strecke fuhren. Bald verstanden sie es und waren genauso begeistert wie wir. Wir flogen alle hoch, auch wenn es nur kurz war. Wir wurden gemeinsam verzaubert, wir lachten gemeinsam los, wir genossen es gemeinsam. Alles *auf einmal*. Dieser Hopser war unser Geheimnis.

Vorige Woche war ich mit den Kleinen und meiner Mutter bei den tollen Wasserrutschen einer Ferienanlage. Wir verbrachten dort eine magische Woche, in der wir alles machten. Eine Woche, wie keiner von uns vieren sie jemals erlebt hatte. Unsere Lieblingsrutsche sollte von Anfang an die »schwarze« sein. Zuerst eine lange Abfahrt, eine von denen, bei denen einem das Herz in die Hose rutscht, dann ein langer Anstieg und direkt danach der Tunnel. Dunkel und zuerst angsteinflößend, später bunt und optimistisch. So wie das Leben, das Freude mit Traurigkeit, Licht mit Dunkelheit meisterhaft zu verbinden weiß. Diese Wasserrutsche hatte auch ihr Geheimnis. Wenn man mit Schwung losfuhr, machte sie am Ende des Anstiegs einen unmerklichen Hopser. Für Sekundenbruchteile befand sich der Popo in der Luft. Unerwartet, aber magisch. »Papa, der Hopser!«, riefen auch die beiden einstimmig beim ersten Mal. Wir haben den besagten Hopser sicher Dutzende Male gemacht. Eins zu eins das gleiche Gefühl wie bei der Autofahrt.

Jedes Mal also, wenn die Kleinen zur Wasserrutsche gingen, huschten sie alle miteinander flink bei ihrer Oma vorbei, die irgendwo in der Nähe ihre Lektüre genoss, um ihr ein Küsschen zu geben. Ein Umweg von allerhöchstens zwei Metern. Dabei wurde das Küsschen manchmal zu einem Luftküsschen. Doch es elektrisierte Omas ganzes Sein und, wie ich meine, auch das der Kinder. Oma kniff jedes Mal ihre Augen zusammen, als wollte sie es bei sich einsperren. Damit keiner es ihr wegnehmen konnte. Auch das war ein kleiner Hopser, bei dem deine ganze Seele einen Hopser machte, damit du dich verstohlen daran erinnerst, wie das Paradies ist. Und sei es nur eine Sekunde lang. Aber eine magische Sekunde.

Vor einigen Wochen »verloren« wir meinen Vater, nach 89 aufrechten, lebendigen und glücklichen Jahren. 89 Jahre voller Lachen, Liebenswürdigkeit, Liebe und Geben. 89 tolle Jahre. Etwas wie ein einzigartiger, unwiederholbarer Hopser in der Ewigkeit. Ein Hopser voller Würde, Mäßigkeit und Werte.

```
Ich glaube, dass das
      letztendlich
    das Leben ist.
      Ein Hopser
  in der Ewigkeit.
```

Gerade mal eine Sekunde, in der unser Popo von der Erde abhebt, um das Paradies zu spüren. Ein Hopser, den wir mit möglichst vielen Menschen teilen sollten.

Ein magischer Hopser.

Brief an mich selbst

_____ICH SCHREIBE DIR, weil ein neues Jahr beginnt. Dieses Jahr werde ich dir näher sein. Ich werde besser für dich sorgen. Ich werde dich mehr lieben.

Ich werde mit dir spazieren gehen oder morgens oder abends mit dir joggen gehen – wann immer du Lust drauf hast. Im Leben dreht sich alles um Bewegung. Wir werden in Bewegung bleiben, entweder allein oder in Gesellschaft. Es gefällt mir auch, wenn wir allein sind. Dann fühle ich mich dir näher. Dieses Jahr möchte ich mehr Zeit mit dir verbringen – nur du und ich –, damit wir denken, reden oder einfach faulenzen können. Wir werden seltener fernsehen und auf Facebook sein.

Wir werden mehr darauf achten, was wir essen. Wir werden gesünder, richtiger und vernünftiger essen. Aber hin und wieder werden wir uns auch mal vollfressen. Ich will ja nicht, dass wir Streber werden.

Wir werden unsere Gedanken, Gefühle, Ziele und Probleme aufschreiben. Das Papier ist unser Entwurf, unser Leben, unser Plan. Ich werde mit dir in den schönsten Buchladen gehen und dir ein ganz schönes Notizbuch kaufen. »Poesiealbum« nannten wir es als Kinder.

Dieses Jahr werde ich mein Augenmerk auf deine Siege, deine guten Seiten, deine Erfolge und Talente richten – und davon hast du nicht wenige, Brüderchen! Ich werde dir zulächeln, wenn ich dich im Spiegel sehe. Ich werde mich nicht bei deinen Mängeln und Speckrollen aufhalten. Das habe ich zu viele Jahre gemacht.

Wir werden interessante Bücher wie beispielsweise Autobiografien lesen und Vorträge und Seminare besuchen. Wir werden uns Dokumentarfilme ansehen, und ich werde dich ins Kino und ins Theater mitnehmen. Es wird kein Tag vergehen, an dem wir nicht ein kleines bisschen besser geworden sind.

Wir werden uns Menschen anschließen, die es wert sind und die aufgeschlossen sind, wissbegierigen Menschen, die ihr Leben voranbringen wollen, die anderen Menschen und der Welt als Ganzes helfen wollen. Das sind die Menschen, die wir in unserem Leben haben wollen.

Ich werde dich dabei unterstützen, wenn du deine Jas und deine Neins sagst. Ich werde es sogar dann tun, wenn deine Stimme dabei zittert und deine Knie schlottern.

Ich werde deine Hand festhalten, wenn du Angst hast.

Ich werde dich lieben, wenn du Angst hast. Dann vielleicht sogar noch mehr.

Wir werden es nicht mehr so eilig haben. Wir werden uns Zeit nehmen. Wir werden bis zehn zählen, bevor wir etwas Wichtiges sagen. Ich werde jede deiner Entscheidungen respektieren – auch die belangloseste. Keine ist belanglos.

Wir werden unser Geld klug ausgeben. Zuerst werden wir investieren und dann konsumieren. Wir werden jeden Monat etwas auf die Seite legen, auch wenn es nur fünfzig oder zehn Euro sind. Wir werden unsere Schränke ausmisten und unsere Kreditkartenschulden abbauen.

Wir werden mehr reisen, auch wenn wir es uns nicht leisten können. Jeder Tag ist eine Reise. Die Reise liegt in uns.

Wir werden bei allem, was wir tun, unser Bestes geben. Ich werde dir Kaffee aufbrühen, als wärest du die Königin von England. Du bist mir sehr wichtig. Ich werde dich nicht nach dem Ergebnis beurteilen – nur nach deiner Bemühung. Genauer gesagt: Ich werde nicht über dich urteilen, sondern dich einfach nur lieben.

Ich habe es dir versprochen: Dieses Jahr werde ich dich lieben. Und ich werde dich akzeptieren. Und ich werde dich unterstützen.

Wie eine Mutter ihr Kind.

Dieses Jahr werde ich der Kumpel sein, den du dir immer gewünscht hast.

Und noch ein Letztes:

Auch wenn du keines dieser Dinge tust, werde ich dich lieben.

Ich werde dich immer lieben.

Du bist ich.